Lions
CHAMPIONS
NIPPON SERIES
1956
Lions
CHAMPIONS
NIPPON SERIES
1958

NISHITETSU LIONS Nostalgic photograph collection

西鉄ライオンズとその時代

写真集

和田　博実 監修
益田啓一郎 編著

ボクらの最強ヒーロー伝説

海鳥社

はじめに

西鉄ライオンズという球団が消滅してから、早いものでもう三十七年の歳月が経ちました。今から思えば私が入団した昭和三十年は、西鉄ライオンズにとっての全盛期が始まった時期でした。

前年にパ・リーグ初優勝を果たし、惜しくも日本シリーズは僅差で敗れ去りましたが、稲尾が入団した翌昭和三十一年から三年連続でリーグ優勝。ジャイアンツとの日本シリーズも三年連続で制覇するという絶頂期を迎えます。

私にとって西鉄ライオンズというチームに在籍したことは誇りです。同じように、福岡の人々にとってもライオンズというチームがあったこと、平和台球場での輝かしい栄光の日々は、同じ時代を過ごした方々にとってかけがえのない青春の日々だったのだと、球団がなくなった後にも様々な形で懐古されることで実感してきました。

この写真集は、西鉄ライオンズの親会社、西日本鉄道株式会社に保管されていた大量の記録写真をもとに構成しています。初めて日本シリーズ制覇した昭和三十一年を中心に、試合だけでなく当時の福岡の町の盛り上がりが伝わってくるような写真がたくさんあります。

その一端を今回の写真集にまとめたいというお話を聞き、私なりに記憶を辿りアドバイスをしながら編集されたのがこの本です。残念ながら皆さんの記憶に強烈に遺る昭和三十三年の日本シリーズの写真が西鉄さんに遺っておらず、この部分のみ各所から持ち寄って構成されていますが、十二分に当時の雰囲気が伝わってくる内容になっていると思います。

西鉄ライオンズと同じ時代を生きた方々も、全く知らない方々も、ぜひこの写真集を手に取っていただければ幸いです。

平成二十一年　春

昭和31年の日本シリーズ第４戦、勝利し、歓喜の中、引き揚げる選手たち（昭和31年10月14日）

西鉄ライオンズとその時代

ボクらの最強ヒーロー伝説

もくじ

ナイター設備が整う前の平和台球場。バックネット裏席の光景（昭和28年）

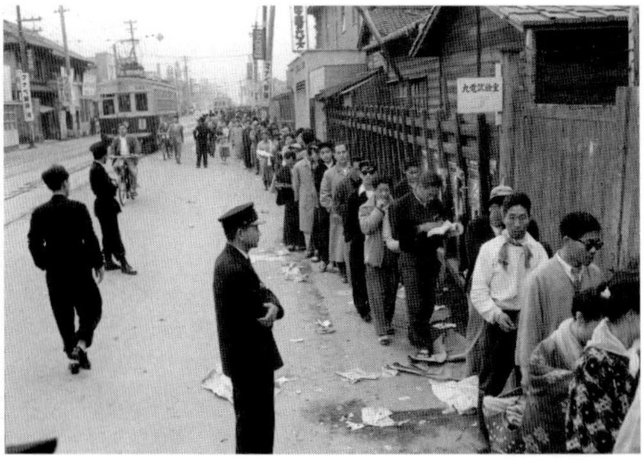

日本シリーズ入場券を求めて、前夜から行列を作り発売を待つ人々。渡辺通三丁目付近（昭和31年10月10日）

ナイター設備が整う前の
平和台球場内野席からの
試合風景（昭和28年）

球団誕生から初優勝まで 1950–1954

知将・三原監督のもとに集まった若き才能たち

今から六十年前、昭和二十五（一九五〇）年のシーズンから、プロ野球は二リーグ制となった。西鉄クリッパーズ（パ・リーグ）と西日本パイレーツ（セ・リーグ）が合併して西鉄ライオンズが誕生したのは翌昭和二十六年のシーズン前。内野手兼任監督にはクリッパーズの宮崎要、総監督には巨人を退団した三原脩が就任した。

合併時に主力選手を他球団に引き抜かれ、寄せ集めの状態ながら同年は健闘して二位に躍進する。地元福岡のファンは盛り上がったが、実際は首位南海に大差をつけられてのものだった。優勝するためのチームづくりのために、西鉄本社や球団の全面協力を得た三原は、数年後のチーム構想をもとに積極的に選手の補強に努める。

昭和二十七年には甲子園を沸かした「四国の怪童」中西太を獲得。さらに前年、東急で驚異の打率3割8分3厘、本塁打26本の二冠をとった「青バット」大下弘を交換トレードで獲得に成功する。そのいずれも三原自身が信念を持って精力的に動き、他球団との情報戦の中で間一髪で獲得したものだった。中西は新人王を獲得し一年目から中心選手となる。

翌昭和二十八年はさらに積極補強で、豊田泰光、高倉照幸、河村久文、西村貞朗らが入団。豊田は一年目からショートに定着し新人王を獲得する。高倉は二年目に頭角を表し外野レギュラーに定着。河村と西村は揃って二年目に20勝投手となるなど、初優勝に向けての戦力が整っていった。

そして昭和二十九年、この年入団しセカンドに定着した仰木彬を加えた西鉄ライオンズは、念願のパ・リーグ初制覇を達成するのである。

ライオンズ年表

【昭和二十四（一九四九）年】
- ・二リーグ分立、太平洋野球連盟（パシフィック・リーグ）結成、西鉄クリッパーズなど新加盟（十一月二十六日）
- ・セントラル野球連盟（セ・リーグ）結成、西日本パイレーツなど新加盟（十二月十五日）

【昭和二十五（一九五〇）年】
- ・西鉄クリッパーズ（パ・リーグ）51勝67敗2分で五位、西日本パイレーツ（セ・リーグ）50勝83敗3分で六位

【昭和二十六（一九五一）年】
- ・三原脩（巨人）、西日本パイレーツの監督に就任（一月十八日）
- ・西日本パイレーツ、セ・リーグ脱退を表明（一月三十日）
- ・西鉄クリッパーズと西日本パイレーツが合併し、パ・リーグに加盟（二月二十八日）。名称を公募し「西鉄ライオンズ」に決定。総監督に三原脩
- ・シーズンは53勝42敗10分で二位に躍進する

【昭和二十七（一九五二）年】
- ・大下弘（東急フライヤーズ）西鉄へ交換トレード（四月十一日・深見安博外野手・緒方俊明投手と）で入団
- ・平和台で西鉄ライオンズ対毎日オリオンズ戦が日没中止。毎日が故意に試合を引き延ばし、ノーゲームに持ち込んだとファンが激高して暴力行為におよび、警官が出動
- ・67勝52敗1分で三位
- ・野口正明が23勝で最多勝利投手、大津守が18勝で四位
- ・中西太が新人王（打率2割8分1厘、本塁打12、打点65）獲得

【昭和二十八（一九五三）年】
- ・豊田泰光、高倉照幸、河村久文、西村貞朗らが入団
- ・中西太、平和台の対大映戦でスコアボードの上を越す500フィート（160メートル）の大本塁打を放つ（八月二十九日）
- ・57勝61敗2分で四位
- ・川崎徳次が最優秀投手（防御率1・98）と最多勝利投手（24勝）、中西太が本塁打（36本）と打点（86）で二冠。豊田泰光が新人王（打率2割8分1厘、本塁打27、打点59）獲得
- ・来日した全米オールスターズのロバット団長に見込まれ、ヤンキースから勧誘を受けていた西村貞朗はこれを断り、西鉄と契約更改

【昭和二十九（一九五四）年】
- ・仰木彬など入団
- ・三原監督、判定をめぐり審判に暴力、七日間出場停止（五月五日）
- ・平和台球場で初ナイター（六月二日）
- ・西鉄、初優勝決定（十月十九日）。90勝47敗3分。日本シリーズは3勝4敗で中日に敗退
- ・西村貞朗が22勝5敗、勝率8割1分5厘で勝率一位、防御率2位（1・77）、大津守が18勝、河村久文が25勝。中西太が本塁打王（31本）、大下弘が打率3割2分1厘で二位、最高殊勲選手受賞

開幕戦を前にライオンズ選手の記念撮影（昭和27年３月21日、春日原球場）

ナイター設備が整う前の牧歌的な雰囲気の平和台球場外野席（昭和28年）

ナイター設備が整う前の平和台球場での公式戦、レフトスタンドからの光景（昭和28年ごろ）

関口清治外野手、塚本悦郎外野手
（昭和27年、香椎球場）

中西太三塁手、千頭（ちかみ）久米夫選手
（昭和28年、春日原球場）

大下弘外野手
（昭和27年）

試合前の練習風景（昭和29年ごろ、平和台球場）

平和台名物「シラサギの木」。球場に入れなかったタダ見の観客が福岡城趾の石垣や木の上から観戦する光景が見られた（昭和29年）

新入団の高倉照幸外野手と河村久文投手（昭和28年、春日原球場）

新入団の豊田泰光内野手（右）（昭和28年、春日原球場）

八浪知行外野手、河野昭修内野手（昭和28年、春日原球場）

昭和28年のペナントレース開幕前日に西日本新聞社ホールで行われた「激励の夕べ」（３月20日）

「激励の夕べ」での余興。前年の新人王・中西太選手のど自慢（昭和28年３月20日）

ナイター設備が整う前の平和台球場での開幕戦セレモニー。三原脩総監督と花束を受ける宮崎要コーチ（昭和28年３月21日）

平和台球場での練習風景。バッターは中西太選手（昭和28年５月）

大下弘選手の華麗な打撃フォーム（昭和28年）

川崎徳次投手の投球フォーム（昭和29年）

昭和28年新入団の投手陣。西村貞朗投手、M・オニール投手、河村久文投手

上手投げ時代の島原幸雄投手の投球フォーム（昭和28年）

投球練習する大津守投手（昭和28年）

ナイター照明の工事風景（昭和29年５月）

初ナイターに熱狂

初ナイターは昭和29年６月２日。午後７時から花火や大ローソク点火式、「祝ナイター」の文字を機腹に描いた西日本空輸ボナンザ機の祝賀低空飛行、パレードと記念行事が続き、７時40分に一斉点灯。この日の入場者は過去最高の４万人超となった

平和台球場初ナイターに九州各地から集まった観客と送迎バス。懐かしいボンネットバスも見える（昭和29年６月２日）

思い出の春日原球場

春日原球場での公式戦、対東急戦。4対3で勝利、川崎投手が勝利投手（昭和28年8月21日）。同球場はこの年の最終戦10月11日の試合が最終試合。この後、解体され一帯は分譲地として開発された

春日原球場での公式戦。子どもたちが駆け回り、ピクニック気分で観戦する外野芝生席の観衆（昭和28年8月21日）

昭和二十九年、パ・リーグ初優勝。
そして九州発の日本シリーズが
福岡市・平和台球場で開催された。
第七戦までもつれ込む激戦に
九州のファンは熱狂した。

昭和29年の日本シリーズ第３戦当日、開門を待つファンの行列（11月２日）

二万余名が徹夜

西鉄ファンやアルバイト学生

たき火で〝入場券待ち〟

西鉄〝勝利の行進〟

沿道に沸く野球ファン

上：日本シリーズの入場券を求める徹夜の行列について記した新聞記事
右：リーグ初制覇後、10月20日に行われた福岡市内での優勝パレードの新聞記事（昭和29年、提供：今泉京子）

日本シリーズ第３戦当日、来賓席入口に掲げられた横断幕（昭和29年11月２日）

第３戦当日、開門を待つファンの行列（昭和29年11月２日）

日本シリーズのスコア
昭和29年（10月30日－11月７日）

西鉄の表彰選手／首位打者・本塁打王：日比野　敢闘選手：大下

❶中日球場（中日１勝）

西鉄	0 0 1	0 0 0	0 0 0	1	▽勝投　杉下（１勝）
中日	1 0 0	0 0 0	0 4 ×	5	▼敗投　西村（１敗）

❷中日球場（中日１勝１敗）

西鉄	0 0 0	0 0 0	0 0 0	0	▽勝投　石川（１勝）
中日	0 0 0	0 2 3	0 0 ×	5	▼敗投　大津（１敗）

❸平和台球場（中日２勝１敗）

中日	0 0 0	0 0 0	0 0 0	0	▽勝投　河村（１勝）
西鉄	1 0 0	1 0 0	0 3 ×	5	▼敗投　大島（１敗）

❹平和台球場（３勝１敗）

中日	0 0 0	0 0 0	0 0 0	0	▽勝投　川崎（１勝）
西鉄	0 0 0	2 0 0	1 0 ×	3	▼敗投　杉下（1勝1敗）

❺平和台球場（中日３勝２敗）

中日	1 0 0	0 0 0	0 1 1	3	▽勝投　杉下（2勝1敗）
西鉄	0 1 0	0 0 0	0 0 1	2	▼敗投　河村（1勝1敗）

❻中日球場（４勝２敗）

西鉄	0 0 0	0 0 3	1 0 0	4	▽勝投　大津（1勝1敗）
中日	0 0 1	0 0 0	0 0 0	1	▼敗投　石川（1勝1敗）

❻中日球場（中日４勝２敗）

西鉄	0 0 0	0 0 0	0 0 0	0	▽勝投　杉下（3勝1敗）
中日	0 0 0	0 0 0	1 0 ×	1	▼敗投　河村（1勝1敗）

日本シリーズ地元初戦の大興奮

連敗で迎えた中日との日本シリーズ第３戦、満員の大観衆の前を元気に行進するライオンズ選手（昭和29年11月２日）

日本シリーズ第３戦、試合開始を待つバックネット裏の観客席（昭和29年11月２日）

第３戦、一塁側内野席から試合を望む。平和台球場は大歓声と太鼓や笛の音で大きく揺れた。試合中、外野に仮設された木造一般席が重さに絶えられず、急遽材木を持ち込み補強工事する一幕もあった（昭和29年11月２日）

日本シリーズ第３戦、試合前のセレモニー（昭和29年11月２日）

日本シリーズ第３戦の試合前に行われたパ・リーグ表彰式での受賞選手。
中西太（最多本塁打）、大下弘（最優秀選手）、西村貞朗（最高勝率）３選手の顔が見える（昭和29年11月２日）

日本シリーズ第３戦は日比野のホームラン、河村の好投により５対０で初勝利。この夜、福岡市内の酒場は初勝利を祝福するファンであふれかえった（昭和29年11月２日）

日本シリーズ第３戦、勝利投手賞をもらった２年目の河村久文投手、本塁打賞のベテラン日比野武捕手（昭和29年11月２日）

ズラリと並んだ観客の自転車（昭和29年）

日本シリーズ第３戦試合前のスナップ。この試合で先発した河村投手と日比野捕手（昭和29年11月２日）

日本シリーズ第3戦、最高殊勲賞の川崎徳次投手、敢闘賞を受賞した新人の仰木彬二塁手（昭和29年11月2日）

熱狂を伝える新聞記事、
球場を埋め尽くした大観衆……
福岡のまちは西鉄ライオンズ一色に染まった。

スタンド後方の立ち見客は棒を持参で必死の観戦（昭和29年）

平和台の興奮

西鉄、第3戦をものにす

"ホームグラウンド"に強いを発揮

見違えるばかり攻守に活躍

早くも空ビン飛ぶ

一回裏、走塁妨害で騒ぐ

興奮に沸く平和台

華麗な日本選手権平和台シリーズの入場式

昭和29年、西鉄対中日の日本シリーズの熱狂ぶりを伝える新聞記事（提供：今泉京子）

中日との日本シリーズを終えて博多駅に到着した選手。当時は夜行列車で十数時間かけての移動が普通だった。関東・関西の球団が多い当時、移動距離のハンデを背負った西鉄ライオンズのリーグ優勝は一際輝いていた（昭和29年11月 9 日）

日本シリーズを終えて福岡市の大円寺寮（唐人町）に戻った西村選手らを出迎える子どもたち（昭和29年11月 9 日）

コラム

栄光を共有した時

「博多町家」ふるさと館館長
漫画家
長谷川 法世

「勝ったぜ、西鉄が勝ったぜ」
兄が大興奮して学校から帰ってきた。昭和三十二年、西鉄と巨人の日本シリーズ開催中で、兄は博多二中三年、私は冷泉小六年の秋。
「西鉄は凄か。巨人は相手にならん」
兄は見てきたように話す。試合はデイゲーム、授業中のはずだ。
「ラジオたい」
おごそかにラジオという言葉が出た。こうだ。同級生が携帯トランジスタラジオを学校に持ってきた。休み時間にみんなで顔を寄せ合い聞き耳を立てて一喜一憂していたのだが、授業が始まってしまった。窮余の一策、いちばん前の席の生徒が、教卓の前面に白墨でスコアを書き付けることにしたのだ。先生には見えず、生徒達には試合経過がわかる仕組みだ。
「○○がくさ」と、私の知っている兄の同級生の名前が出た。
「後ろの方の窓の横の席たい。トランジスタラジオば窓の外い置いてイヤホンのコードば袖に通して、頬杖ついた格好で耳ば隠してくさ、何回裏とか1点入ったとか一番前の生徒まで教えて行ってくさ、一番前の生徒が先生の机に書くったい」
私はたまらず聞いた。
「先生が下りて来たらどげんするとお？
点数書いとうとがわかろうもん」
「あわてて消しよるもん。消し残したとは教科書立てて隠しよるもん。ラジオば聞きよる○○の馬鹿が、西鉄がヒット打ったとき、おおとか声ば出して先生が振り向きなってくさ。みんなで咳したりしてごまかしよるもん」
楽勝の試合経過より、私には兄の教室の光景の方が、今でも実際見ていたかのように思い出される。
一年後。私は博多二中の一年だった。昭和三十三年の日本シリーズが始まっていた。小心者の私はラジオを学校に持ち込むことができなかった。ラジオを持ってきた同級生もいなかった。上級生になっていれば誰かがラジオを持ってきているはずだ。いや、自分だって。
「どげんなっとうかいな、今日負けたらおしまいぜ」
みんなが暗い顔をしていた。西鉄は第3戦まで巨人に負けていた。あの日は何回戦だったろう。記憶は不覚にも薄れている。
「用務員室にテレビのある！」
生徒のひとりが奇跡のように叫んだ。
「テレビのある！」
「用務員室にテレビのある！」
頭に感嘆符をいくつもくっつけた生徒達がぞくぞくと用務員室に向かった。気難しくて生徒に厳しい用務員のおじさんがこの日ばかりは上機嫌で、白黒テレビの前に生徒達を迎え入れてくれた。遅れて担任の先生がやって来た。
「なんかお前達は、こげん所に来て」
そう言う先生もにこにこ顔だった。あっという間で、また永遠のように感じた休み時間。幸せな連帯感がみんなを包んでいた。
あれから半世紀。冷泉小も博多二中も統廃合されてなくなった。西鉄ライオンズもない。けれど、西鉄の栄光の時を共有できた至福感は、今も胸を高鳴らせる。

◆プロフィール
昭和二十一年福岡市博多生まれ。昭和四十三年漫画家デビュー。昭和五十五年「博多っ子純情」で第二十六回小学館漫画賞受賞。同年、博多町人文化勲章受賞、NHK連続テレビ小説「走らんか！」の原作でも知られる。

「ぼくの西鉄ライオンズ」より

島原キャンプの練習中の一コマ。
打撃練習中の大下選手
（昭和32年２月13日）

島原キャンプ・激励の夕べ 1954-1960

幾多の伝説が生まれた 若獅子たちの青春のまち

西鉄ライオンズは昭和二十九（一九五四）年以降、春季キャンプを島原で行った。同年、パ・リーグ初優勝から始まる黄金期は島原キャンプを抜きに語れない。山の麓にあるグランドで続く厳しい練習の日々も、若いライオンズの選手たちは自由時間で楽しく息抜きし、成長の糧とした。

そんな選手たちを、常宿だった國光屋旅館の鐘ヶ江管一氏（のち島原市長）をはじめとする島原の人々は、町をあげて大歓迎で迎えた。雲仙に来た浴客までが山越えしてライオンズのキャンプを見に来たという。有明海を見下ろす絶景にある島原のグランドという環境も素晴らしかった。選手たちはキャンプというと、みな心が弾んだ。

ライオンズ記録

【昭和三十（一九五五）年】
◇90勝50敗4分で二位
◇和田博実、若生忠男、玉造陽二ら入団
◇対トンボユニオンズ開幕戦から3連勝スタート
◇中西太、打率（3割3分4厘）・本塁打（35本）の打撃二冠
◇河村久文21勝、大津守21勝、西村貞朗19勝、川崎徳次17勝
◇河村久文、最多奪三振（225）

島原キャンプでの豊田泰光選手のスナップ
（昭和29年２月）

島原キャンプでの練習中の一コマ、仰木彬内野手
（昭和32年２月13日）

島原キャンプで打撃練習する和田博実捕手
（昭和33年２月20日）

外野スタンドにたなびくチャンピオンフラッグ
（昭和30年）

島原キャンプの練習中の一コマ。投球練習を終えてマッサージを受ける河村久文投手。背後には寒い２月の島原で暖をとるための薪が見える（昭和32年２月13日）

島原キャンプ、打撃練習の滝内弥瑞生内野手（昭和33年２月20日）

國光屋旅館の記憶

昭和30年の島原キャンプ、
この年新入団の和田博実、若生忠男、田中久寿男選手ら（昭和30年２月）

國光屋旅館の中居さんたちと記念撮影。北原啓、鵜狩道夫両投手（昭和30年２月）

西村貞朗、大津守両投手（昭和30年２月）

若生忠男投手ら（昭和30年２月）

久保山誠捕手ら（昭和30年２月）

島原キャンプの練習中の一コマ。玉木マネージャー（左）と竹井球団課長（昭和32年２月13日）

島原キャンプ特有の一塁側スタンド横に設けられたブルペンで投球練習（昭和32年２月13日）

福岡市の電気ホールで開催された西鉄ライオンズ「激励の夕べ」の光景（昭和30年３月24日）

開幕を前に開催された激励会では選手のひと味違う姿が見られた。

西鉄ライオンズは、毎年シーズンの開幕直前にファンとの交流を兼ねた激励会を開催した。入場券を求めて行列ができ、会場を西日本新聞ホール、電気ホール、そして福岡スポーツセンターへと移し、後年は「ファンの集い」として続いた。シーズンを戦い抜く決意の場であり、選手と市民の貴重な交流の場でもあった。

激励会では普段のユニフォーム姿と違い、選手たちも緊張気味だが、ひとたび余興となると普段の明るい雰囲気に戻って楽しいひとときを過ごした。工夫された毎年の余興も時代を反映しているものが多い。

「激励の夕べ」で抽選をする中西選手（昭和29年３月、電気ホール）

電気ホールで開催された「激励の夕べ」での余興「バイバイゲーム」（昭和30年３月24日）

激励の夕べ

ペナントレース開幕前日に行われた「激励の夕べ」での余興（昭和28年３月20日）

電気ホールで開催された「激励の夕べ」（昭和29年３月）

「激励の夕べ」招待券の配布に、西日本新聞社前に並んだファンの行列（昭和29年３月）

昭和33年の開幕戦の前日、北九州市・小倉体育館で行われた「激励の夕べ」。この年、平和台球場は大規模改修工事が行われ、開幕戦は新設された小倉球場で行われた。この日の「激励の夕べ」は小倉球場竣工記念の行事である（４月４日）

激励の夕べ

挨拶をする川崎徳次新監督とコーチ陣（昭和35年４月４日、福岡スポーツセンター）

「激励の夕べ」の第２部「選手とファンの唄と踊り」で賞品のスクーターではしゃぐ稲尾選手（昭和35年４月４日、福岡スポーツセンター）

開幕を控えて福岡スポーツセンターで開催された「激励の夕べ」（昭和35年４月４日）

上：櫛田神社の節分祭、袴姿で準備万端の西村投手（昭和31年ごろ）

右：豪快に豆をまく中西、豊田両選手（昭和34年・櫛田神社）「野球界」昭和34年３月号（第49巻第３号）より

左：節分祭に参加した中西選手（昭和30年ごろ）

コラム

島原キャンプとグラブの「型付け」

(株)久保田運動具店
福岡支店長
江頭　重利

私がスポーツ用品店の担当として、西鉄ライオンズを担当するようになったのは昭和二十七年だった。当時は福岡に支店はなく、チームが大阪へ遠征に来た際に宿舎へ行き、野球道具という仕事を通しての選手との交流が始まった。

二十七年はのちの西鉄ライオンズの骨格が整った年、大下選手と中西選手が加入した年だ。それ以来、昭和四十三年に福岡支店ができるまでは大阪と福岡を行き来する日々が続いた。道具の営業は春季キャンプまでが勝負。毎年春の島原キャンプにも同行して、常に近い位置で選手たちと接することができた。当時は今とは比べものにならないほど、プロ野球選手と我々の距離は近かったし、中でも西鉄ライオンズは出入りも自由で最もフレンドリーな球団だった。

この業界に入って五十七年。最初は外国製を中心に既製品を提供していたが、そのうち知り合いの選手が京都の大学の監督になり、プロ時代に使っていた道具を卸してくれという依頼がきた。その際に「どうせなら自分の会社で道具の開発もして、職人を育てよう」ということになった。

これまで色々な野球用品を開発してきたが、中でも多くの選手に愛用してもらっているのは、私が考え出したグラブの「型付け」という手法である。もともとは他でやっていないサービスをと考えて始めたものだが、新品のグラブは硬くてすぐに手に馴染まないので、買ったその日から使えるようにしたいと考えたのだ。

この「型付け」のヒントになったのは、島原キャンプだった。島原は意外に寒いところで霜が降りる。そのためグラウンドに灯油をまいて燃やしたり、ベンチには手を温めるための木炭も置いてあった。選手はグラブをはめたまま木炭にあたるのだが、様子を見ているとグラブの皮が柔らかくなって、中から脂も染み出してくる。これに気付いて試行錯誤の末に「型付け」の技術を生み出したのである。

選手に関する思い出は数多い。西鉄ライオンズの選手は道具の扱いについてもみな個性的だった。例えば、バットの注文を受ける。中西選手はパッと注文してまとめて宿舎に送ってくれと言い、豪快なバッティング同様、細かいことは気にしなかった。

豊田選手はバットを届けると、一本ずつバランスを点検し細かい指示をしてくる。その場で対応するためにバットのバランスやグリップを調整する機械を考案した。福岡の球団がホークスに変わった今も、その機械は支店にあって活躍している。

今の選手たちもよく練習をするが、西鉄ライオンズの選手は輪をかけて練習熱心だった。レギュラーも控えも競って練習し、隙あらばポジションを取るという緊張感があった。今の選手は闘志を内に秘めた人が多いが、西鉄ライオンズの選手たちはみな闘志が前面に出ていて、負けん気の強い選手が多かった。だから「野武士集団」というニックネームがついたんだと思う。それが西鉄ライオンズ最大の魅力だった。

私の仕事は選手に最高の野球道具を提供すること。その点でも若いときに全盛時の西鉄ライオンズを担当できたのは、その後の自分の成長にとてもプラスだったと思う。キャンプや練習で、そして試合で自分の提供したグラブがバットがどう使われているかを常に気にし、そして改良や工夫をし続けることを学んだように思う。

今でも選手にグラブを貸し出して使ってもらい、使用後は必ず返してもらって使い方や使用感を確かめ、新たなアイディアを得る。それをもとに何度もテストし改良を重ねる。野球道具のプロとして、常に新しいものを開発することが私の使命だ。

◆プロフィール
昭和七年佐賀県生まれ。佐賀商業卒業後、大阪の久保田運動具店に就職し西鉄ライオンズ担当になる。昭和四十三年の福岡支店進出時に支店長として赴任し現在にいたる。

日本シリーズ第４戦、
一塁側スタンド
（昭和31年10月14日）

日本シリーズ初制覇
1955–1956

稲尾の入団とともに、伝説の日本シリーズ三連覇が始まる。

戦後十年を経て日本は新しい時代を迎えつつあった。「もはや戦後ではない」と言われた昭和三十一（一九五六）年、西鉄ライオンズは逆転で二度目のリーグ優勝を遂げる。

その原動力となったのは、投手ではこの年入団した稲尾和久、畑隆幸ら新人と、長い下積みを経て開花した島原幸雄であった。打者では中西太が戦後初の三冠王を目前で逃したものの大活躍。打率でわずかに上回り三冠王を阻止したのは同僚の豊田泰光だった。

投打のレギュラー陣が活躍したこの年、日本シリーズは巨人を追われた西鉄・三原脩と巨人・水原茂の「宿命のライバル」監督初対決。九州のローカルチームだった西鉄が盟主・巨人を破り、人気もついに全国区となった。西鉄黄金時代の幕開けである。

日本シリーズ第４戦、ライオンズの攻撃、バッター中西太三塁手のホームラン（昭和31年10月14日）

ライオンズ記録

【昭和三十一（一九五六）年】
◇96勝51敗7分で一位
◇稲尾和久、田辺義三、畑隆幸ら入団
◇二位南海に3厘差で二度目のリーグ優勝
◇中西太、最優秀選手、打点（95）・本塁打（29本）の打撃二冠
◇豊田泰光、初の首位打者（3割2分5厘）
◇稲尾和久、最優秀防御率（1・06）、新人王
◇島原幸雄、最高勝率（25勝11敗）
◇島原幸雄25勝、西村貞朗21勝、稲尾和久21勝、河村久文18勝

投球練習する河村久文投手（昭和30年７月）

パ・リーグ開幕

対トンボユニオンズ戦。試合前の西鉄ライオンズベンチ。必死の声援をおくる学生（昭和30年３月26日）

試合前の西鉄ライオンズベンチ（昭和30年３月26日）

対巨人オープン戦に詰めかけるファン（昭和31年３月４日）

外野スタンドでのナイター観戦。芝生に寝ころぶ大人、フェンス越しに熱心に観戦する子どもたち（昭和30年７月）

ホームランの中西選手を迎え入れるライオンズナイン（昭和30年夏・平和台）

河野昭修一塁手の鉄壁の一塁プレーをスナップ撮影（昭和31年）

対巨人オープン戦。打席は仰木彬内野手
（昭和31年３月４日）

開幕戦の興奮

対大映戦試合前の一塁側ライオンズベンチ（昭和31年３月21日）

対大映戦、オープニングセレモニー（昭和31年３月21日）

対大映戦。試合は先発の河村久文投手、新人の稲尾和久投手のリレーで完封勝利（昭和31年３月21日）

開幕日当日、外野スタンドの光景（昭和31年３月21日）

西鉄ライオンズの誇る強力投手陣。西村貞朗投手、河村久文投手、大津守投手（昭和31年ごろ）

練習中の一コマ。ファンと談笑する高倉照幸外野手（昭和31年８月）

試合前のスナップ。中谷準志、大下弘、中西太の３選手（昭和31年ごろ）

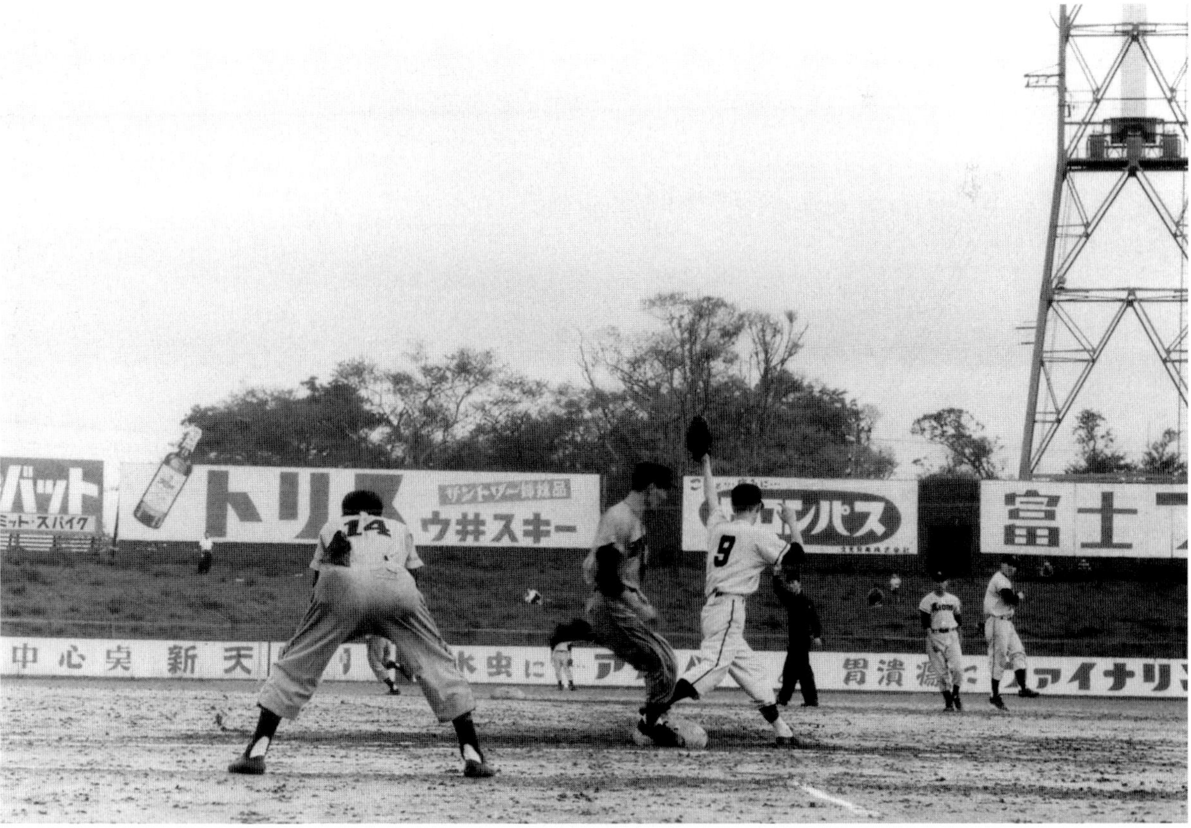

優勝争いが佳境に入る中、対高橋ユニオンズ戦。一塁河野へゲッツー達成（昭和31年９月20日）

優勝争いが佳境に入る中、対南海ホークス戦ダブルヘッダーの第二試合。中西、ホームラン（昭和31年９月24日）

対南海ホークス戦ダブルヘッダーの第二試合。ピッチャー稲尾の好打（昭和31年９月24日）

翌10日発売のチケット獲得に並ぶファン（昭和31年10月９日、渡辺通）

日本シリーズ開幕前日

呉服町・博多大丸に掛けられた「祝パ・リーグ優勝」の垂れ幕（昭和31年10月９日）

入場切符を求めて発売所に泊まり込むファン（昭和31年10月９日、千代町）

勝敗予想クイズを掲げた喫茶店（昭和31年10月９日、因幡町）

入場券を求めて

前夜から西鉄の各営業所に長蛇の列ができた（昭和31年10月10日、西新・西鉄営業所横）

発売を待つファン（昭和31年10月10日、平和台球場）

前夜から並ぶ人々（昭和31年10月 9 日、箱崎・西鉄営業所付近）

前夜から行列を作った人々
（昭和31年10月10日、渡辺通 3 丁目）

前夜から並ぶ人々。こたつを持ち出しての路上麻雀
（昭和31年10月 9 日、箱崎・西鉄営業所付近）

徹夜で並んだファン（昭和31年10月10日、千代町）

徹夜で並んだファン（昭和31年10月10日、千代町）

入場券を求めて

前夜からできた長蛇の列（昭和31年10月10日、福岡スポーツセンター前）

ファンの後方にはスポーツセンターやＮＨＫ福岡放送局が見える（昭和31年10月10日、警固神社前）

昭和31年10月10日・福岡スポーツセンター前

前夜から行列を作った人々
(昭和31年10月10日、西新・西鉄営業所付近)

昭和31年10月10日、西新・西鉄営業所

昭和31年10月10日、箱崎・西鉄営業所

入場券を手に喜ぶファン(昭和31年10月10日、箱崎・西鉄営業所)

箱崎大通り(昭和31年10月10日、
箱崎・西鉄営業所)

日本シリーズの熱気

日本シリーズ入場券を求めて、前夜から行列を作った人々（昭和31年10月10日、渡辺通一丁目）

日本シリーズを前に平和台球場に到着したニュースカー（昭和31年10月11日）

日本シリーズ入場券の列の脇に登場した、牛乳売りのおばちゃん（昭和31年10月10日、福岡スポーツセンター前）

日本シリーズに向けてのセレモニー予行演習
（昭和31年10月11日）

日本シリーズに向け急ピッチで建設が進む特設スタンド席
（昭和31年10月10日）

スタンド席の増設工事が終わりくつろぐ作業のおばちゃん
（昭和31年10月 9 日）

日本シリーズ第２戦を電気店の店頭テレビで観戦するファン。創業10周年記念セール開催中の新天町での光景。
この年、福岡でテレビ放送が開始された（昭和31年10月11日）

日本シリーズ第２戦、西鉄福岡駅の試合速報掲示に見入るファン（昭和31年10月11日）

初の飛行機移動

昭和31年の日本シリーズ、後楽園での２試合を終えて日本航空機で福岡へ戻った西鉄ライオンズ一行（10月11日）

空路福岡へ戻り、出迎えの花束を受け取る三原監督。その後ろには福岡で調整中の河村投手の姿（昭和31年10月11日）

平和台へ

日本シリーズ第３戦、市内電車・下の橋電停で下車して球場に向かう人々（昭和31年10月13日）

第３戦テレビカメラ調整中（昭和31年10月13日）。この年の５月８日、西鉄の試合が初めてテレビで全国に中継された

第３戦早朝、開門一番乗りで駆け込む人々（昭和31年10月13日）

第３戦テレビカメラ調整中（昭和31年10月13日）

第３戦前日の夜、徹夜で並ぶファン（昭和31年10月12日）

日本シリーズ第４戦、下の橋電停から日本選手権の門をくぐり球場に向かう人々（昭和31年10月14日）

日本シリーズ第４戦、市内電車を乗り継いで球場へ向かう人々（昭和31年10月14日）

日本シリーズ第３戦試合前、ライオンズ選手の練習に見入るスタンドのファン（昭和31年10月13日）

昭和三十一年、宿敵・南海を振り切り
二年ぶりのパ・リーグ制覇。
巨人対西鉄の日本シリーズが実現。
スター選手揃いの両チームの初対決は、
三原対水原の監督対決でもあり、
二人の因縁を知る選手、ファンを中心に
盛り上がり、ライオンズが初制覇をとげた。

日本シリーズ第３戦、試合前練習を開始したライオンズ選手（昭和31年10月13日）

最高殊勲選手賞のトヨペットクラウン（昭和31年10月13日）

試合前の投球練習。この試合に先発した西村貞朗投手と、２番手で当番し完璧に巨人打線を抑えて
勝利に貢献した河村久文投手（昭和31年10月13日）

試合前、一塁側ライオンズベンチ前で打ち合わせる
三原脩監督と宮崎要コーチ（昭和31年10月13日）

日本シリーズ第３戦、ネット裏の新聞記者席で
開始前の練習風景に見入る人々（昭和31年10月13日）

日本シリーズのスコア
昭和31年（10月10日－17日）

西鉄の表彰選手／
最高殊勲選手：豊田　最優秀投手：稲尾
首位打者：豊田　技能賞：関口
敢闘賞：稲尾

❶後楽園球場（巨人１勝）

西鉄	000	000	000	0	▽勝投	大友（１勝）
巨人	220	000	00×	4	▼敗投	川崎（１敗）

❷後楽園球場（１勝１敗）

西鉄	000	302	010	6	▽勝投	島原（１勝）
巨人	100	011	00×	3	▼敗投	別所（１敗）

❸平和台球場（西鉄２勝１敗）

巨人	040	000	000	4	▽勝投	稲尾（１勝）
西鉄	000	001	04×	5	▼敗投	別所（２敗）

❹平和台球場（西鉄３勝１敗）

巨人	000	000	000	0	▽勝投	稲尾（２勝）
西鉄	000	020	02×	4	▼敗投	大友（1勝1敗）

❺平和台球場（西鉄３勝２敗）

巨人	000	050	052	12	▽勝投	義原（１勝）
西鉄	011	003	200	7	▼敗投	西村（１敗）

❻後楽園球場（西鉄４勝２敗）

西鉄	401	000	000	5	▽勝投	稲尾（３勝）
巨人	000	001	000	1	▼敗投	別所（３敗）

試合前、優勝ペナントを前に選手・スタッフ全員での記念写真（昭和31年10月13日）

試合前に行われたパ・リーグ表彰式で、新人王・防御率１位のトロフィーを前に微笑む稲尾投手（昭和31年10月13日）

試合前に行われたパ・リーグ表彰の受賞者。本塁打・打点王の中西、最優秀投手の島原、最優秀防御率・新人王の稲尾、首位打者の豊田の西鉄４選手が見える（昭和31年10月13日）

試合前のセレモニーの光景。西鉄・三原、巨人・水原両監督へ花束贈呈（昭和31年10月13日）

ペナントを引き、ファンの声援に応えながら場内を１周する西鉄ライオンズ選手（昭和31年10月13日）

試合前の練習風景、手前のノッカーは仰木内野手（昭和31年10月13日）

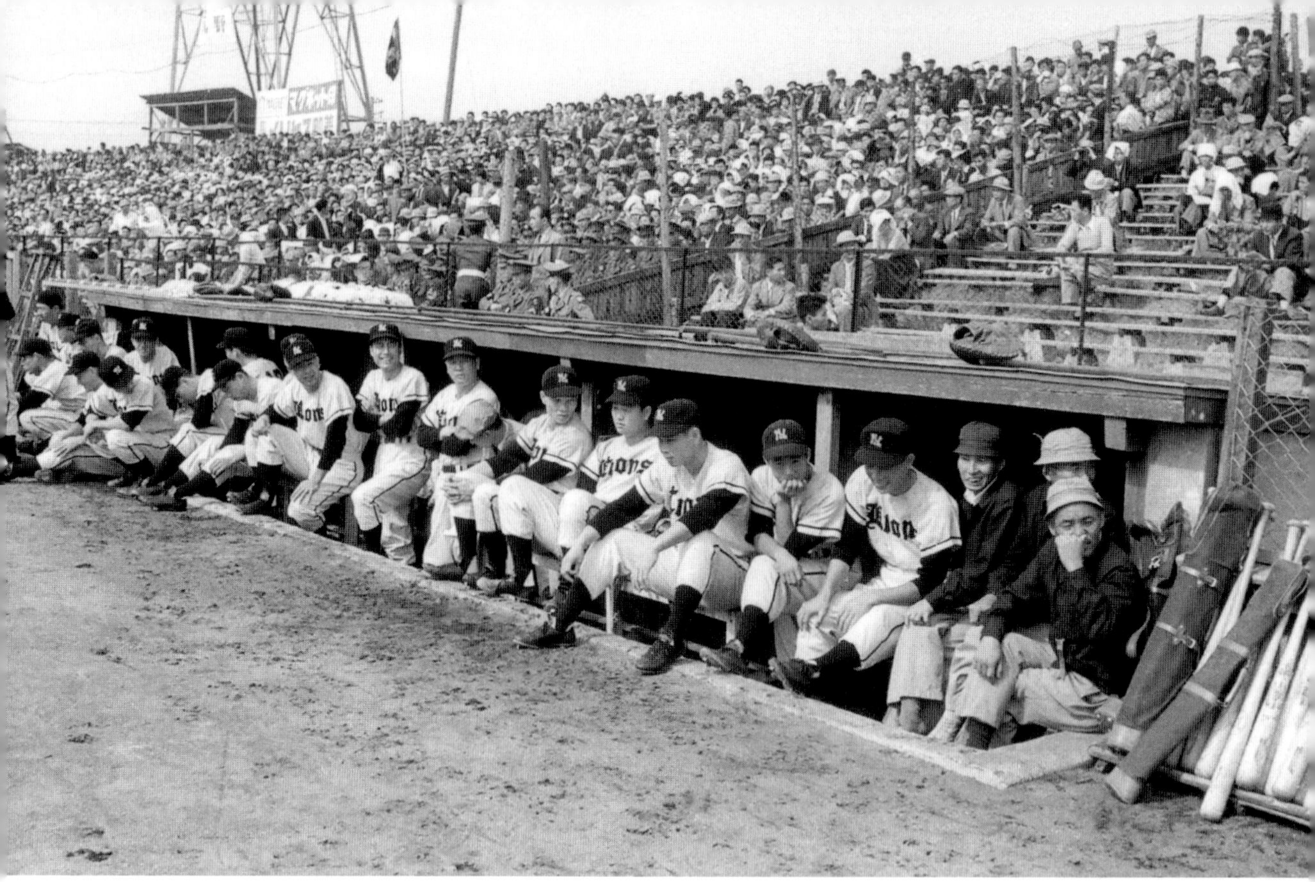

日本シリーズ第３戦

試合を控えて和やかなムードのライオンズベンチ（昭和31年10月13日）

和やかなライオンズベンチ。カメラマン豊田のシャッターに収まる稲尾（昭和31年10月13日）

豊田のホームランをきっかけに終盤逆転（昭和31年10月13日）

8回裏、大下の中前安打（昭和31年10月13日）

試合前のセレモニーで選手がペナントを引き出したのを見て興奮する応援団（昭和31年10月13日）

終盤の大逆転勝利の夢の後
（昭和31年10月13日）

試合前のライオンズベンチ。大舞台で初スタメンマスクの和田は熱心に巨人の練習に見入る（昭和31年10月13日）

日本シリーズ第３戦

勝利投手となりインタビューを受ける稲尾投手（昭和31年10月13日）

逆転勝利で引き揚げるライオンズ日比野、河野両選手（昭和31年10月13日）

市民の話題を独占

前日の第３戦逆転勝利を伝える新聞に見入る人々（昭和31年10月14日）

第３戦逆転勝利の記事に見入る人々（昭和31年10月14日）

第４戦に向かう観客と交通整理の警察官（昭和31年10月14日）

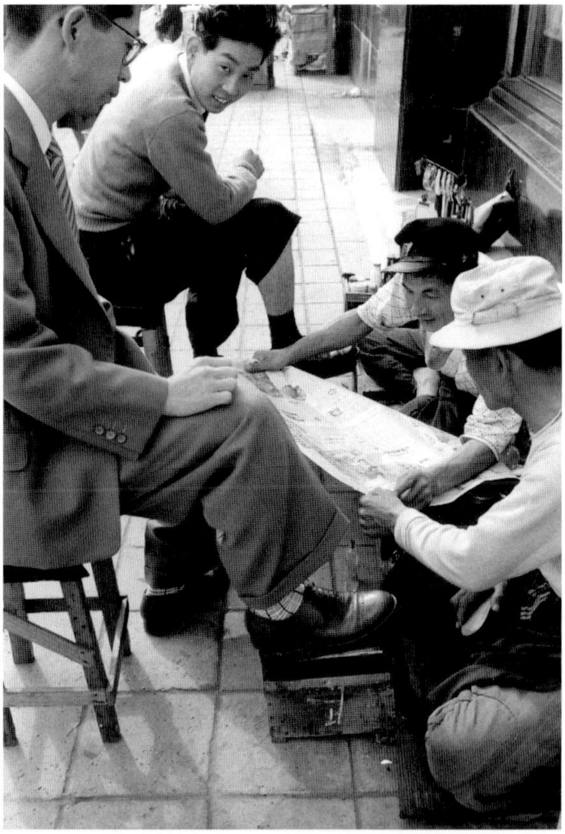

第３戦逆転勝利の記事に見入る人々（昭和31年10月14日）

日本シリーズ第４戦

試合開始前、稲尾投手の投球フォーム（昭和31年10月14日）

試合開始前、前日勝利の稲尾投手にアドバイスを送る野球解説者（のちパ・リーグ会長）中澤不二雄氏（昭和31年10月14日）

名物応援団長（昭和31年10月14日）

試合前の練習風景（昭和31年10月13日）

三塁へ走る日比野（昭和31年10月14日）

ライオンズの攻撃（昭和31年10月14日）

ライオンズの攻撃（昭和31年10月14日）

５回裏、満塁から河野が中前安打で２点先取（昭和31年10月14日）

ライオンズの守備（昭和31年10月14日）

歓喜の勝利

第４戦、勝利を喜び合う選手たち（昭和31年10月14日）

抱き合うナインに駆け寄る三原監督（昭和31年10月14日）

ヒーローたち

第４戦に勝利しインタビューを受ける豊田選手、川崎助監督（昭和31年10月14日）

右から解説者の小西得郎氏、三原監督、稲尾投手、河野内野手、ＮＨＫアナウンサー（昭和31年10月14日）

第４戦の勝利を伝える速報に見入る少年（昭和31年10月14日）

勝利インタビューを受ける河野、中西両選手（昭和31年10月14日）

日本シリーズ第５戦６回裏、ホームランを打ち３塁ベースを廻る関口選手（昭和31年10月15日）

後楽園での日本シリーズ第６戦の様子を伝える速報に見入る人々（昭和31年10月17日、西鉄福岡駅）

日本一決定

日本シリーズ第６戦の勝利を伝える速報で優勝を知り喜ぶ人々（昭和31年10月17日、西鉄福岡駅）

呉服町の博多大丸に掛けられた祝・西鉄ライオンズ日本選手権優勝の垂れ幕（昭和31年10月18日）

日本シリーズ第６戦の勝利を伝えるテレビ放送（昭和31年10月17日）

商店の店頭に掛けられた祝・西鉄ライオンズ日本シリーズ優勝のビラと法被（昭和31年10月18日）

日本選手権獲得でファンへの感謝の大垂れ幕が西鉄本社に掛かる（昭和31年10月18日）

凱旋

博多駅に帰福した選手に声援を送るファン。花束を持った河野選手、握手をする関口選手（昭和31年10月20日）

日本シリーズを制覇し、博多駅に帰福した選手をひと目見ようと出迎えたファン（昭和31年10月20日）

日本シリーズを初制覇し福岡市で行われた優勝パレードを前に
筥崎宮へ到着したナイン（昭和31年10月23日）

優勝パレードで、筥崎宮参道に登場したライオン像
（昭和31年10月23日）

優勝パレードを前に筥崎宮へ参拝するナイン
（昭和31年10月23日）

優勝パレード（福岡市内）

日本シリーズを初制覇し福岡市で行われた優勝パレード。筥崎宮を出発する優勝パレードを見ようと集まった沿道の大観衆（昭和31年10月23日）

日本シリーズを初制覇し福岡市で行われた優勝パレード。筥崎宮参道は人の波で埋め尽くされた（昭和31年10月23日）

川端通りを進む優勝パレード。オープンカーには北原選手、西村投手（昭和31年10月23日）

東中洲・玉屋前前を進む河野、中西両選手（昭和31年10月23日）

呉服町・博多大丸前（昭和31年10月23日）

川端通りを進むオープンカーの大下、川崎両助監督
（昭和31年10月23日）

川端通りを進むオープンカーの和田、久保山両捕手
（昭和31年10月23日）

優勝パレード(福岡市内)

博多・下川端通りを通過（昭和31年10月23日）

明治通り東中洲（昭和31年10月23日）

川端通り、博多大橋（当時は中大橋）を進む優勝パレードに参加した応援団トラック（昭和31年10月23日）

明治通り天神町（昭和31年10月23日）

明治通り県庁前（昭和31年10月23日）

天神交差点を進む優勝パレード。沿道に集う群衆や岩田屋の巨大壁面オブジェが興味深い（昭和31年10月23日）

西中洲上空から天神へ進む優勝パレード。大同生命の赤煉瓦館、旧福岡県庁など懐かしい建物も見える（昭和31年10月23日）

優勝パレード（福岡市内）

万町の旧西鉄本社前（現・西鉄グランドホテル前）で優勝パレードの到着を待つ市民（昭和31年10月23日）

福岡スポーツセンター前（昭和31年10月23日）

万町のＳ字カーブを進む（昭和31年10月23日）

西日本新聞社前を城南線へ（昭和31年10月23日）

西新町交差点を城南線へ（昭和31年10月23日）

渡辺通一丁目を進む（昭和31年10月23日）

春吉交差点付近（国体道路）を天神方面へ（昭和31年10月23日）

瓦町・渕上デパート前（昭和31年10月23日）

優勝パレードのゴール、万町・西鉄本社へ到着するライオンズ選手
（昭和31年10月23日）

呉服町（大博通り）を進む（昭和31年10月23日）

優勝祝賀会

博多帝国ホテルで行われた優勝祝賀会。乾杯のポーズ（昭和31年10月23日）

殊勲の豊田泰光内野手、大下弘外野手、日比野武捕手ら（昭和31年10月23日）

乾杯のポーズ（昭和31年10月23日）

関口清治外野手、楠根宗生西日本鉄道社長ら（昭和31年10月23日）

河野昭修内野手ら（昭和31年10月23日）

川崎徳次投手ら（昭和31年10月23日）

西村貞朗投手ら（昭和31年10月23日）

門司港駅を出発し門司・桟橋通り交差点を進む（昭和31年10月25日）

優勝パレードは北九州市でも行われ、福岡市同様、沿道には声援を送る観客の波が途絶えず続いた。

門司駅前（昭和31年10月25日）

八幡・中央町を進む（昭和31年10月25日）

小倉・日明郵便局前（昭和31年10月25日）

戸畑市街（昭和31年10月25日）

戸畑市街（昭和31年10月25日）

八幡市街・中央町へ（昭和31年10月25日）

コラム

私とライオンズの五十七年(1)

元テレビ西日本アナウンサー　久保　歩

西鉄ライオンズが誕生したのが昭和二十六年。それ以来のファンで、今でも西武ライオンズを応援している私とライオンズの付き合いは五十七年になる。

ライオンズ誕生までは、私は熱烈なジャイアンツファンだった。

ところが、シベリアに抑留されていた水原茂氏が復帰し、後楽園球場で観客に向かって挨拶を行うと、ジャイアンツ球団はその年優勝した三原監督を総監督という名のデスクワークに追いやり、指導者経験のない水原氏をいきなり監督に抜擢した。

当時中学生だった私は、子ども心にも義憤を感じ、三原監督に手紙を書いた。ミズハラよりズ抜けているミハラさんが何故監督を辞めなければならないのか納得がいかない、友達も三原派と水原派に分かれているが、私はいつまでも三原さんを応援しているというような励ましの内容だった。

驚いたことにすぐに三原さんから返事が来た。「おじさんは君達が喧嘩をせず、仲良く野球を楽しんでくれるのが一番嬉しい」と。

おじさんという言葉にやや違和感があったが、親しみを感じた。

そして三原さんが都落ち(?)してライオンズの監督になると、躊躇なくライオンズファンになり、少年ライオンズの会の会員になった。

当時、北九州の戸畑に住んでいた私は、足繁く小倉の豊楽園球場に応援にでかけた。

中学三年の頃、一時東京で暮らしたことがあり、ライオンズが遠征してくる度に、後楽園の近くの宿舎に遊びに行った。玄関を通らず庭先から声を掛けると、普段着の選手たちが縁側まで出てきてくれた。その中には入団したばかりの豊田選手や、中西選手、関口選手もいたが、特に子煩悩の大下選手は、坊主また来たかという感じで、ニコニコと応対してくれた。当時の少年野球ファンにとっては川上・大下というと神様のような存在だったが、私はその神様を独り占めできる至福の時を持った。

昭和三十三年、巨人との日本シリーズ、奇跡の逆転優勝の時は、まだ大学生で東京にいた。まわりは巨人ファンばかりで、西鉄が三連敗した時は腹が立って、玄関に「西鉄ファン以外出入り禁止」の張り紙まで出した。だから、そのあと四連勝した時は嬉しくて、スポーツ紙だけでなく、東京で発売されている全ての新聞を買って来てむさぼるように記事を読んだ。

大学を卒業すると、ひょんなことから福岡のテレビ局に就職した。

朝の「小川宏ショー」や昼の「立川清登の土曜スタジオ」などワイドショーの司会と並行して、夜は野球のナイター中継も担当することになり、平和台球場で、同じ高校の出身で同期の畑隆幸と再会した。

昭和三十八年、ロイ、バーマ、ウィルソンの外人選手の活躍でライオンズはリーグ第二位、首位の南海と8・5あったゲーム差をじりじりと1・5まで詰め、近鉄との最終四連戦に全勝すれば、逆転優勝するところまで追い上げた。

まさかこんな結果になるとは思ってもみなかった私は、会社の後輩男女四人と、以前から予定していた別府旅行に出掛けていたが、急遽最終戦を中継することになったからと会社に呼び戻され、ひとりで平和台球場に向かった。そして西鉄の逆転優勝を見届けると、仲間の待つ別府へと引き返した(一四四頁へ)。

東京のライオンズ宿舎に通ってもらったサインボール

◆プロフィール
昭和三十五年TNCテレビ西日本に入社、アナウンサー、報道部記者などを務める。昭和六十年退社後は㈱翔南プランニングを設立。各種演奏会や式典(神事)の司会、企業の社員研修などを手掛けながら後進の指導に当たっている。

初の日本一の翌年、巨人とのオープン戦で
関口・高倉両外野手のツーショット
（昭和32年３月10日・平和台球場）

最強・野武士軍団

1957

西鉄ライオンズが史上最強といわれた昭和三十二年。

西鉄ライオンズの戦力が最も充実していたのは、巨人との日本シリーズを連覇した昭和三十二（一九五七）年である。油断からか開幕当初こそ4連敗というスタートだったが、その後怒濤の9連勝で首位に立つと、七月以降は首位を譲らず引き分けを挟んで14連勝を記録する。結果的には宿敵南海を大差で引き離してパ・リーグ優勝を飾った。

立て役者は20連勝という記録を達成し、計35勝をあげてエースにのし上がった稲尾和久投手である。打撃陣も打撃ベストテンに五人が名を連ね、その勢いのまま巨人との日本シリーズでも4勝1分と無敗で連覇を達成した。

日本シリーズ第3戦、試合開始前の西鉄ライオンズベンチ。三原脩監督，西村貞朗投手，中西太内野手ら（昭和32年10月29日）

ライオンズ記録

【昭和三十二（一九五七）年】

◇83勝44敗5分で一位

◇城戸則文ら入団

◇大下弘、パ・リーグ初の1500本安打を達成（八月十一日）

◇稲尾和久、20連勝の新記録（十月一日）

◇稲尾和久、投手部門三賞（防御率・勝率・最多勝）を独占し、最高殊勲選手となる

◇中西太、打点王

◇打撃十傑に五人（二位・中西太、四位・大下弘、六位・関口清治、八位・豊田泰光、十位・高倉照幸）

島原キャンプでバッティングポーズをとる豊田泰光内野手（昭和32年2月13日）

対巨人オープン戦前での和やかな西鉄ベンチ風景。中西太内野手，花井悠外野手ら（昭和32年３月10日）

パ・リーグ開幕日、試合前のダグアウト風景。大下弘外野手、玉造陽二外野手、豊田泰光内野手ら（昭和32年３月30日）

パ・リーグ開幕日の記念スナップ（昭和32年３月10日）

対巨人オープン戦セレモニー（昭和32年３月10日）

オープン戦のスナップ。花井、小淵、玉造（昭和32年３月10日）

パ・リーグ開幕日、試合前の西村・畑両投手（昭和32年３月30日）

放送室で和田捕手とウグイス嬢の今泉京子さん
（昭和32年）提供：今泉京子

対巨人オープン戦前の西鉄ベンチの光景と盛り上がる応援団（昭和32年３月10日）

対毎日開幕戦。マウンド付近で言葉を交わす稲尾投手と和田捕手（昭和32年３月30日）

パ・リーグ開幕戦セレモニー。毎日オリオンズ・別当薫監督と握手する三原脩監督（昭和32年３月30日）

シーズン開幕戦、対毎日戦の試合前風景（昭和32年３月30日）

開幕・対毎日戦の試合前、ベンチで談笑する大下・中西両選手（昭和32年３月30日）

開幕戦、対毎日戦の試合前、練習中の大下外野手に話しかける三原監督（昭和32年３月30日）

パ・リーグ開幕戦、チケットを求める行列（昭和32年３月30日）

開幕戦、対毎日戦の試合前の練習風景（昭和32年３月30日）

パ・リーグ開幕戦、試合開始前のダグアウト。川崎徳次コーチ、仰木彬内野手、関口清治外野手ら（昭和32年３月30日）

パ・リーグ開幕戦を上空から（昭和32年３月30日）

昭和32年、対毎日戦に詰めかける観衆。遠く天神のビル群も見える（昭和32年 3 月31日）

対毎日戦でリリーフ登板の稲尾投手（昭和32年 3 月31日）

開幕戦、対毎日戦の開幕セレモニー（昭和32年 3 月30日）

対毎日戦先発の島原投手（昭和32年 3 月31日）

対毎日戦、バッター関口（昭和32年 3 月31日）

対阪急戦、5対4で勝利の瞬間。勝利投手稲尾と和田のバッテリー（昭和32年4月7日）

対阪急戦、河野選手のバッティング（昭和32年4月7日）

対阪急戦、和田ホームイン（昭和32年4月7日）

対阪急戦、三塁前バントに前進する中西
（昭和32年4月7日）

入場券窓口、座席満員につき立ち見の方のみご入場ください
の張り紙が見える（昭和32年5月7日）

対近鉄戦、中西ホームランの瞬間（昭和32年５月）

対近鉄戦、大下のバッティング（昭和32年５月）

対南海ホークス戦ダブルヘッダーに連敗。第二試合終了後、グランドを横断して帰路につく観衆（昭和32年６月30日）

対南海ホークス戦、入場口の混雑（昭和32年６月30日）

対東映戦、優勝を決め一塁側ダグアウト前に集まる西鉄ナイン（昭和32年10月13日）

公式戦を終えファンに優勝の挨拶をする三原監督
（昭和32年10月20日・小倉豊楽園球場）

対東映戦、ピッチャー稲尾が打者を空振り三振に仕留めて
パ・リーグ優勝の瞬間（昭和32年10月13日）

新天町に登場した優勝大パネル
（昭和32年10月14日）

パ・リーグ優勝を決め興奮したファンがグランドへ流れ込む中、
インタビューを受ける豊田内野手（昭和32年10月13日）

懐かしの小倉豊楽園球場

昭和23年に建設された小倉豊楽園球場での公式最終戦，対大映ユニオンズとのダブルヘッダー（昭和32年10月20日）

現在の小倉駅北側にあった小倉豊楽園球場
（昭和32年10月20日）

小倉豊楽園球場での最終戦セレモニー
（昭和32年10月20日）

日本シリーズ第１戦当日、平和台からずらりと続く行列
（昭和32年10月26日）

豊楽園球場での最終戦セレモニー
（昭和32年10月20日）

日本シリーズ開幕

日本シリーズ第１戦、必勝を胸に練習を始めるライオンズナイン（昭和32年10月26日）

日本シリーズ第１戦試合前、西鉄・豊田泰光，巨人・広岡達郎両軍の名遊撃手の記念撮影（昭和32年10月26日）

20連勝の表彰を博多織元松居から受ける稲尾投手（昭和32年10月26日）

バッティング練習の合間に記者と談笑する中西内野手（昭和32年10月26日）

下の橋に設置された日本シリーズ門をくぐり平和台球場へ向かう人々（昭和32年10月26日）

博多駅前のバス発着所に掛けられた日本シリーズの看板
（昭和32年10月26日）

日本シリーズ第１戦試合前のセレモニー
（昭和32年10月26日）

この年、宿敵・南海を7ゲームの大差で破り、
二年連続のパ・リーグ制覇を遂げる。
二年続けて西鉄対巨人の日本シリーズとなった。
初戦、先発の稲尾から先制した巨人だが
稲尾をうち崩すに到らず、1点差で西鉄の勝利。
第2戦は河村と藤田の投げ合いとなり、
最終回に河野の右翼線安打で西鉄サヨナラ勝ち。
西鉄は、その後も和田の日本シリーズ初の
ランニングホームランが飛び出すなど、
1分けを挟み無敗で二年連続して日本一になった。
勝利は全て1点差、しかしその点差以上に
西鉄の強さが際だったシリーズとなった。

日本シリーズ第１戦試合前のパ・リーグ表彰選手の記念撮影。稲尾、山内、野村、中西、木村各選手（昭和32年10月26日）

試合前の記念撮影。セ・パの最高殊勲選手、西鉄・稲尾和久投手と巨人・与那嶺要外野手（昭和32年10月26日）

日本シリーズのスコア
昭和32年（10月26日－11月１日）

西鉄の表彰選手／
最高殊勲選手：稲尾　最優秀選手：稲尾
首位打者：豊田　優秀選手：中西
技能賞：和田

❶平和台球場（西鉄１勝）			
巨人	100 000 100	2	▽勝投 稲尾（１勝）
西鉄	000 101 10×	3	▼敗投 大友（１敗）
❷平和台球場（西鉄２勝）			
巨人	000 000 001	1	▽勝投 河村（１勝）
西鉄	000 000 002	2	▼敗投 藤田（１敗）
❸後楽園球場（西鉄３勝）			
西鉄	000 002 210	5	▽勝投 稲尾（２勝）
巨人	200 000 020	4	▼敗投 義原（１敗）
❹後楽園球場（西鉄３勝１分）			
西鉄	000 000 000 0	0	日没引き分け
巨人	000 000 000 0	0	
❺後楽園球場（西鉄４勝１敗）			
西鉄	100 014 000	6	▽勝投 島原（２勝）
巨人	001 020 020	5	▼敗投 木戸（１敗）

日本シリーズ第１戦、試合が進み１点差の緊迫した展開に応援にも力が入る（昭和32年10月26日）

日本シリーズ第１戦当日、入場式を控えたライオンズナインの表情（昭和32年10月26日）

第１戦、稲尾の好投で３対２で先勝。喜びのシーンを撮影する記者たち（昭和32年10月26日）

第２戦、大下選手の華麗なバッティングフォーム
（昭和32年10月27日）

第１戦、ホームランの豊田を出迎える監督、選手
（昭和32年10月26日）

第２戦、スタンドの応援も盛り上がる（昭和32年10月27日）

第２戦当日、下の橋第一入場口付近の混雑（昭和32年10月27日）

日本シリーズ第２戦、河野の逆転サヨナラ打で勝利し駆けよるナイン（昭和29年11月２日）

第２戦勝利の立て役者、好投の河村とサヨナラ打の河野
（昭和32年10月27日）
「野球界」臨時増刊
昭和32年11月発行第47巻
第14号より

第３戦に勝利し喜びのナイン
（昭和32年10月30日）
「野球界」臨時増刊
昭和32年11月発行第47巻
第14号より

第１戦、勝利し喜び合う稲尾と和田のバッテリーと河野
（昭和32年10月26日）「野球界」臨時増刊昭和32年11月発行第47巻第14号より

第３戦、稲尾の球を打つ巨人・与那嶺（昭和32年10月30日）「野球界」臨時増刊昭和32年11月発行第47巻第14号より

シリーズ最優秀選手になり賞品のトヨペットをもらい
ファンの声援に応える大下選手（昭和32年11月１日）
「野球界」臨時増刊昭和32年11月発行第47巻第14号より

第３戦、同点となるツーランを放った大下を出迎える
三原監督（昭和32年10月30日）
「野球界」臨時増刊昭和32年11月発行第47巻第14号より

凱旋

日本シリーズでの戦いを終えて、博多駅へ到着する西鉄ナインを出迎えるファン（昭和32年11月４日）

日本シリーズでの戦いを終えて、博多駅へ到着する西鉄ナインを出迎えるファン（昭和32年11月４日）

博多駅で西鉄ナインを出迎える後援会の人々（昭和32年11月４日）

東公園を通過する優勝パレード（昭和32年11月４日）

博多駅に到着した西鉄ナイン（昭和32年11月４日）

東中洲を通過する優勝パレード（昭和32年11月４日）

優勝パレード（福岡市内）

人垣でいっぱいの渡辺通一丁目を
通過する優勝パレード
（昭和32年11月４日）

万町の西鉄本社前（現・グランドホテル前）を通過
（昭和32年11月４日）

天神町交差点を通過（昭和32年11月４日）

優勝パレード(北九州市内)

門司桟橋通りで出発を待つファンと選手を乗せたパレード車(昭和32年11月)

門司・葛葉(昭和32年11月)

出発直前、ファンに手を振る笑顔の三原監督(昭和32年11月)

小倉・魚町(昭和32年11月)

砂津の西鉄北九州営業局前(昭和32年11月)

小倉市役所前（現・リバーウォーク北九州前）で花束を受け取る三原監督（昭和32年11月）

戸畑市牧山（昭和32年11月）

戸畑市の繁華街（昭和32年11月）

八幡製鉄所東側（昭和32年11月）

戸畑市役所前（昭和32年11月）

ライオンズの若き選手たちは、ユニフォームを着ていなくても老若男女を問わず人気者だった。

福岡タクシーの昭和33年カレンダー用に東中洲、那珂川河畔で撮影された１枚。豊田、西村、玉造、滝内選手（昭和32年11月19日）

昭和33年カレンダー用に、大濠公園で撮影された１枚。
稲尾、畑投手ら（昭和32年11月26日）

昭和33年カレンダー用に、大濠公園で撮影された１枚。
稲尾、畑投手ら（昭和32年11月26日）

西鉄福岡駅入口に掛けられた日本シリーズの横断幕
（昭和32年10月26日）

平和台球場上空の空撮写真（昭和32年）

昭和33年カレンダー用に、西鉄ライオンズ大円寺寮
(唐人町) で撮影された１枚 (昭和32年11月19日)

西鉄ライオンズ大円寺寮で中継のテープレコーダーに聴き入る
三原監督と選手 (昭和32年11月26日)

中西選手と奥さまとなる三原監督の長女・敏子さん
(昭和32年11月19日)

昭和33年カレンダー用に、西公園で撮影された１枚。
中西夫妻 (昭和32年11月19日)

日本シリーズ第１戦の朝、いつも通り早朝トレーニングの後、
愛犬と戯れる大下選手 (昭和32年10月26日)
「野球界」臨時増刊昭和32年11月発行第47巻第14号より

昭和33年カレンダー用に撮影された１枚。
自宅でくつろぐ大下家 (昭和32年11月26日)

コラム

裏方として、苦楽を共にした日々

元・西鉄ライオンズ球団職員
平和台球場ウグイス嬢　今泉　京子

◆プロフィール
昭和二十五年、西鉄クリッパーズ誕生から球団職員として、西鉄最後の四十七年まで、主催試合など全ての球場アナウンスを担当した。

「西鉄ライオンズが生まれた昭和二十五年より四十七年まで、そして平和台球場をプロ野球が使用し始めた昭和二十五年より、今日のこの日まで、両方共にたずさわれたことを誇りと幸せに思います。

　こぼれんばかりの思い出を心の風呂敷にしっかりと包み、平和台球場ありがとう、そしてさようならと、この放送室を後にしたいと思います。本日は皆様ほんとうにありがとうございました」

　平成九年十一月二十四日、さよなら平和台球場の試合後、放送室からスタンドの皆様に挨拶した時の私の言葉だ。球団職員として、昭和二十九年からの黄金時代も、弱かった創立当初や昭和四十年代も、チームのみんなと苦楽を共にした。西鉄ライオンズは私の青春そのものだった。

　二十三年間、球団職員として一日も休まずに西鉄ライオンズ全試合の球場アナウンスを担当した。一軍も二軍も全てである。四十度の高熱で声が出ないときも、私には「代打要員」はいない。風邪をひくことも許されない日々。毎日が私にとっては「闘い」だった。

　試合開始の二時間半前には球場入りし、前日までの西鉄と対戦チーム選手の記録確認、練習中にかけるBGMの用意、場内へのアナウンス。試合が始まると選手や記録の紹介、代打や選手交代などいっときも休む時間はない。もちろん、いったん試合が始まるとトイレに行く時間もなかった。

　アナウンスは独学で学んだ。野球が好きだとかおしゃべりが上手だからと希望した訳ではない、まったくの業務命令だった。スコアブックのつけ方どころか、野球のルールもまったく知らない。まわりに教えてくれる人もいない。ラジオの実況を聴いたり、草野球を見学しながら実況の練習をした。

　スコアのつけ方も自分流。携わった二十三年間、新聞記事を全てスクラップにしてきたが、これも放送で活用しやすいように自分で工夫したものだ。

　最初は失敗も多かった。生粋の博多っ子、ついアナウンスで博多弁が出て、ベンチの豊田選手や相手チーム選手からよく笑われた。試合中のトラブルも臨機応変の対応が求められた。失敗して悔しくて泣いたことも多い。周囲から叱咤激励されて、早く一人前の仕事ができるようにと懸命に努力した。

　三原監督の選手交代は複雑で、一度に五～六人を入れ替えることも珍しくなく場内説明は大変だった。気が付くと審判から「ありがとう」と言われるようになっていた。

　当時の黄金カード西鉄対南海戦では、平和台名物だった場外の木や売店屋根などに登っての観戦に「危ないですから降りてください」と放送すると「下にも人が居ろうが、降りれるもんか」とヤジが帰ってきた。

　昭和四十四年のオールスター戦、停電で五十一分間の中断。真っ暗な球場に乗用車二台のヘッドライトの明かりの中、ブラスバンドの演奏にのって携帯マイクでグランドを一周しながらアナウンスしトラブルを乗り切ったこともある。思い出は尽きない。

　最強チームと呼ばれた西鉄ライオンズ。しかし、一朝一夕にそうなったのではない。選手や球団職員の日々の努力、そして球場に通い時代を共有したファンの声援がひとつになって、はじめて今も語り継がれるチームになったことを、私は知っている。

平和台の放送室で場内アナウンス中の
今泉京子さん（昭和33年）

平和台球場で初めて行われた
オールスターゲーム第１戦の空撮写真
（昭和33年７月27日）

奇跡の大逆転三連覇
1958

神様、仏様、稲尾様……伝説となった奇跡の大逆転シーズン。

昭和三十三（一九五八）年の西鉄ライオンズは開幕当初から主力選手に故障者が続出し、波乱の出だしとなった。四月、五月は辛うじて二位を確保したものの、前年からの選手補強もないままの西鉄は主力選手が揃わず、六月、七月と勝ち星を伸ばせない。オールスター前には首位南海と10ゲーム以上離され、優勝は絶望的に見えた。

しかし、オールスター明けになると次第に戦力が揃い、八月を17勝6敗1分、九月を17勝4敗1分という脅威的な追い上げで、最後は南海を大逆転してパ・リーグ優勝を決めた。

そして、新人・長嶋茂雄を四番に据えた水原茂監督率いる巨人との三年連続の日本シリーズを、稲尾和久の神業的な大活躍で、3連敗からの奇跡の4連勝を成し遂げたのである。

試合前、ファンと記念写真（昭和33年）

ライオンズ記録

【昭和三十三（一九五八）年】

◇78勝47敗5分で一位

◇関口清治、通算1000試合出場（四月十四日）

◇関口清治、1000安打達成（七月五日）

◇日比野武、1500試合出場（六月四日）

◇西村貞朗、東映戦で完全試合（七月十九日）

◇稲尾和久、二年連続最高殊勲選手、防御率一位（1・42）、最多勝利（33勝）

◇中西太、首位打者（3割1分4厘）、本塁打王（23本）

RKB-Aスタジオで熱唱する「ライオンズ合唱団」（昭和33年3月4日）

昭和33年、選手によりRKB-Aスタジオで録音された録音レコード原盤（所蔵：今泉京子）

シーズン開幕戦は、平和台球場が大改修のため、この年新設された小倉球場で行われた。
土盛りの外野スタンドに丸太で柵をつけた急ごしらえだが、一番乗りのファンは午前６時に並ぶ熱気だった（昭和33年４月５日）

小倉球場での開幕戦、試合を見守る外野スタンドのファン。
２万5000人の大観衆が詰めかけた（昭和33年４月５日）

島原キャンプで打撃練習の仰木内野手
（昭和33年２月20日）

西鉄ライオンズは
選手や球団スタッフの
結束も固かった。
みんな一丸となって
日々の試合を戦った。

開幕戦セレモニーには祇園太鼓の八町内共演も行われた
（昭和33年４月５日）

試合球の準備をする
今泉京子さん
（昭和33年ごろ）

小倉球場での開幕戦

昭和33年開幕戦セレモニーでの様子。小倉女学院生徒80人の風船行進に続き、地元バレエ団の子どもたちの愛らしい姿に選手の顔も和む（4月5日）

試合前のダグアウトの光景（昭和33年4月5日）

午後０時15分、試合前の練習を開始する関口、花井ら選手たち（昭和33年４月５日）

開幕戦、デッドボールを受けた高倉選手に駆け寄る
豊田、中西両選手（昭和33年４月５日）

開幕戦セレモニーの様子。着物美人からの贈呈品を受け取る
三原監督、川崎コーチら（昭和33年４月５日）

開幕戦、中西の打撃を見守る大下選手
（昭和33年４月５日）

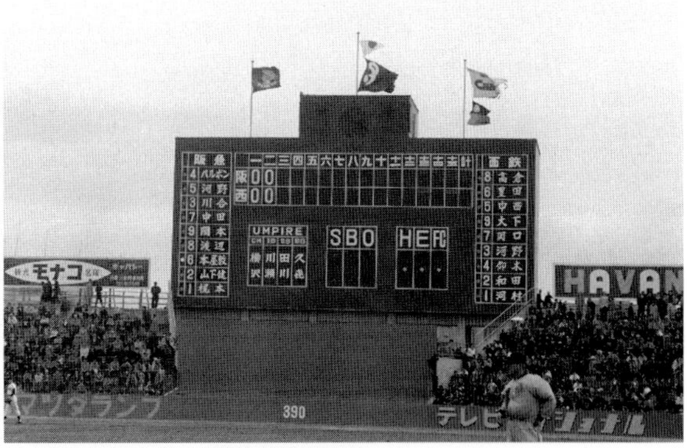

スコアボードには全盛期のベストオーダーが見える。
西鉄の先発は河村、阪急は梶本（昭和33年４月５日）

小倉球場での開幕戦

関口のヒットで生還した中西、豊田。次打者の河野（昭和33年４月５日）

球団旗を先頭に入場するライオンズ選手たち

西鉄ライオンズ

満員の小倉球場

プロ野球 いっせいに開幕

プロ野球の本年度公式戦はきょういっせいに開幕した。ことしからパ、セ両リーグとも同一スタート。後楽園、駒沢、奈良、川崎、広島と全国六球場とも好天に恵まれ各六球団が十月上旬までのペナントレースに入ったが地元九州では小倉球場で西鉄、阪急の対戦。球場は新装なったばかり、それにお天気は上々の土曜日とあって北九州各地のボール・ファンがぞくぞくつめかけ"プロ野球は花ざかり"らしい開幕日風景を描いた。

○…野球ファンはどこもせっかち。午後二時半のプレー開始というのに午前六時から球場入口に行列ができた。一番乗りは福岡工高二年生の竹下元君(一六)。午前九時、五百人が開門を待ちかね小倉署の警官で十時の開門予定を一時間繰上げる一幕もあった。午前十時半で観衆は三千人。

○…ところで新球場はまだ外野スタンドを土盛りしたうえに丸太でサクをつけた急ごしらえのもの。スタンドの傾斜もかなり急なので、ケガ人でも出てはと小倉署からお巡りさん五十二人が繰出した。ほかに西鉄本社から十数人、場内整理係が五十人。出札にはアルバイト二十人をおいたがあとからあとからつづく人波に、もう汗ダク。スタンドでも花曇りの空からもれる日ざしに白いワイシャツ、ハンカチが目だつ。

○…三千枚前後の前売券は四日までにきれいさっぱり売り切れた。例によってダフ屋がウの目タカの目で売りつけにかかった。特別席大人二百五十円が三百円、内野席百七十円が二百円というのが十二時ごろの相場。一方、国鉄の外野入口から十材と離れていない個所わきのヘイを乗り越えて入り込む豆ファンに午前十時すぎ、二重の鉄条網が張りめぐらされた。

こうして二時半の試合開始時には観衆は二万五千人とふくれ上がった。

林小倉市長が処女球

期待と興奮を集めるグラウンドでは午後零時十五分から[illegible]始。午後二時四十五分、パンパンと花火が上がった。流れるファンファーレ。小倉女学院生徒八人の風船行進、それにバレエ、北九州[illegible]の八町内踊[illegible]む[illegible]小倉市議長が紅白のテープを切った。

拍手と歓声を浴びて西鉄、阪急ナインが球団旗を先頭に入場して木暮阪急社長が開会を宣言。絶え間なく放たれる千二百個の風船を背景に林小倉市長の処女球で午後二時半「プレーボール」の声が高らかにかかり、強風のなかに阪急梶本、西鉄河村の対戦で試合は開始された。

パ・リーグ 第1節

5日…小倉（西鉄1勝）

阪急	000100001	2
西鉄	00600100x	7

西鉄 梶本を二…

南海、…

開幕戦の様子を伝える翌日の記事
（昭和33年４月６日）提供：今泉京子

開幕戦が行われた、完成したばかりの小倉球場。
土盛りの球場が懐かしい（昭和33年４月５日）

開幕戦の阪急戦に７対２で勝利し満足げに引き揚げるファン
（昭和33年４月５日）

新装なった平和台

稲尾投手の華麗な投球フォーム。平和台球場の改装が終わり、
新装なった本拠地での初戦の練習風景（昭和33年４月26日）

対大毎オリオンズ戦に本物のライオン登場、若生投手とのツーショット
（昭和33年６月10日）

ペナントレース後半。首位を走る南海を猛追する西鉄は，この日も毎日に快勝（昭和33年８月24日）

平和台球場の改装竣工とともに登場した
“平和台レディ”（昭和33年４月26日）

改装工事も終わり、この日が新平和台球場のお披露目
（昭和33年４月26日）

11.5ゲーム差をひっくり返した「奇跡の逆転優勝」へ向けて、８月攻勢のきっかけとなった対近鉄戦ナイターの光景
（昭和33年８月２日）

ペナントレースも大詰め。対南海戦、試合開始前の球場外の光景
（昭和33年９月27日）

平和台球場での仰木内野手のショット
（昭和33年７月６日）

西村投手が完全試合

日本プロ 五人目の快挙

カーブの威力さゆ

七回豊田が決勝の３号

完全試合成る！

７月19日の西村投手の完全試合を伝える記事（昭和33年７月20日）提供：今泉京子

対近鉄ダブルヘッダーに稲尾、島原で連勝して、平和台で「奇跡の逆転優勝」を決めた西鉄ライオンズの優勝決定の光景。
ファンもグランドに降りてナインと一緒に三原監督を胴上げした（昭和33年10月２日）

優勝を決めた後の祝賀会の様子。乾杯の挨拶をする西亦次郎球団社長（昭和33年10月２日）

いまぞ歓喜の胴上げ
興奮渦巻く平和台球場
西鉄バンザイ!!

優勝の興奮を伝える翌日の新聞記事（昭和33年10月３日）
提供：今泉京子

最高殊勲に 稲尾 藤田
プロ野球今季表彰選手決
連続二大タイトルの稲
金田、三たび沢村賞獲
新人王 杉浦、長嶋

稲尾投手の二年連続最高殊勲選手受賞を伝える新聞記事（昭和33年10月９日）提供：今泉京子

前年、西鉄に苦杯を舐めた巨人はこの年、長嶋茂雄が入団し、シーズン中盤から4番に座って巨人をリーグ優勝に導いた。稲尾と長嶋の対決が注目を集める中、注目の日本シリーズ初対決は、長嶋が三塁打を放つ。稲尾が打ち込まれ、主砲・中西、大下が不振の西鉄はあっという間に3連敗を喫する。しかし、後がない状態から西鉄の怒濤の反撃が始まる。豊田の2本の本塁打で1勝すると、連戦連投の稲尾の尻上がりの快投に加え、関口の奇跡の同点打、復調中西の本塁打などで対に持ち込み、最終戦で史上初の3連敗からの4連勝という離れ業をやってのけ、「鉄腕・稲尾」は伝説となった。

シーズンに続き日本シリーズでも最高殊勲選手に輝いた稲尾投手（昭和33年10月21日）
「週刊ベースボール（昭和33年11月12日号）」より

神様、仏様、稲尾様 伝説の日本シリーズ

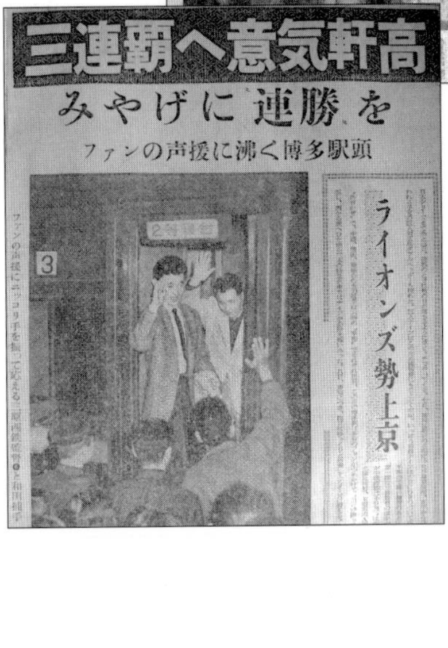

10月7日、第1戦が行われる後楽園へ寝台特急で出発する西鉄ナインの様子を伝える新聞記事。「あさかぜ」，「はやぶさ」，「平和」に分散しての上京である（昭和33年10月8日）提供：今泉京子

日本シリーズのスコア
昭和33年（10月11日－12日）

西鉄の表彰選手／
最高殊勲選手：稲尾　最優秀選手：稲尾
首位打者：豊田　優秀選手：中西

❶後楽園球場（巨人1勝）
西鉄 0 0 0 0 1 0 0 0 1 | 2　▽勝投 大友（1勝）
巨人 1 0 1 1 0 0 6 0 × | 9　▼敗投 稲尾（1敗）

❷後楽園球場（巨人2勝）
西鉄 0 0 1 0 0 0 0 2 0 | 3　▽勝投 堀内（1勝）
巨人 7 0 0 0 0 0 0 0 × | 7　▼敗投 島原（1敗）

❸平和台球場（巨人3勝）
巨人 0 0 1 0 0 0 0 0 0 | 1　▽勝投 藤田（1勝）
西鉄 0 0 0 0 0 0 0 0 × | 0　▼敗投 稲尾（2敗）

❹平和台球場（巨人3勝1敗）
巨人 2 1 0 0 0 0 1 0 0 | 4　▽勝投 稲尾（1勝2敗）
西鉄 0 3 0 0 1 1 1 0 × | 6　▼敗投 藤田（1勝1敗）

❺平和台球場（巨人3勝2敗）
巨人 3 0 0 0 0 0 0 0 0 0 | 3　▽勝投 稲尾（2勝2敗）
西鉄 0 0 0 0 0 0 2 0 1 1 | 4　▼敗投 大友（1勝1敗）

❻後楽園球場（3勝3敗）
西鉄 2 0 0 0 0 0 0 0 0 | 2　▽勝投 稲尾（3勝2敗）
巨人 0 0 0 0 0 0 0 0 0 | 0　▼敗投 藤田（1勝2敗）

❼後楽園球場（西鉄4勝1敗）
西鉄 3 0 0 0 2 0 0 1 0 | 6　▽勝投 稲尾（4勝2敗）
巨人 0 0 0 0 0 0 0 0 1 | 1　▼敗投 堀内（1勝1敗）

日本シリーズ第４戦、この試合２本目のホームランで生還した豊田（昭和33年10月16日・平和台球場）
「週刊ベースボール（昭和33年11月12日号）」より

日本シリーズ第６戦、長嶋を三球三振に仕留めた稲尾投手（昭和33年10月20日）「週刊ベースボール（昭和33年11月12日号）」より

日本シリーズ第４戦の７回裏、豊田は藤田投手からシリーズ４本目の本塁打を放ち西鉄の勝利を決めた（昭和33年10月16日）
「週刊ベースボール（昭和33年11月12日号）」より

ライオンズ、一矢を報ゆ

日本選手権

豊田、豪快な連続ホーマー

大友、藤田に闘志のＫＯパンチ

第４戦の勝利を伝える新聞記事（昭和33年10月17日）
提供：今泉京子

第４戦、この日のヒーロー豊田に握手を求めるファン
（昭和33年10月16日）

第３戦以降、巨人打線を完璧に抑えた稲尾投手のピッチング
（昭和33年10月14日）「週刊ベースボール（昭和33年11月12日号）」より

熱心なファンから５メートルにおよぶ長文の激励文が
球団に届いた（昭和33年10月）提供：今泉京子

“逆転勝利の西鉄”
本拠地・平和台で本領発揮！
稲尾の復調とともに
息を吹き返した西鉄打線を
誰も止めることはできなかった。

終盤の逆襲！西鉄闘志で巨人連破
日本選手権
稲尾自らサヨナラ本塁打
決戦・後楽園に持ち込む
九回、関口が千金の同点打
中西も反撃の１号をたたき込む

第５戦の勝利を伝える新聞記事
（昭和33年10月18日）提供：今泉京子

第５戦の７回裏、一塁に豊田をおいて中西選手が右中間へ弾丸ライナーのホームランを放った
（昭和33年10月17日）「週刊ベースボール（昭和33年11月12日号）」より

第５戦、ツーランホームランを放ちホームインする中西選手
（昭和33年10月17日）「週刊ベースボール（昭和33年11月12日号）」より

第５戦１回裏、右中間にヒットを放った豊田は果敢に２塁へ
（昭和33年10月17日）「週刊ベースボール（昭和33年11月12日号）」より

第４戦、稲尾の粘り強いピッチングが逆転を呼び１勝目
（昭和33年10月16日）「週刊ベースボール（昭和33年11月12日号）」より

第５戦１回表、西鉄先発の西村が巨人の先頭打者・広岡に投じた第一球
（昭和33年10月17日）「週刊ベースボール（昭和33年11月12日号）」より

流れが変わった第5戦
鉄腕稲尾の投打にわたる大活躍。

第５戦を終えて再び上京する西鉄ナインの新聞記事
（昭和33年10月18日）提供：今泉京子

第５戦、延長10回に決勝ホームランを放ちホームインする稲尾（昭和33年10月17日）「週刊ベースボール（昭和33年11月12日号）」より

第５戦、延長10回に決勝ホームランを放った稲尾
（昭和33年10月17日）「週刊ベースボール（昭和33年11月12日号）」より

第 7 戦試合終了の一瞬、序盤から完璧な投球を続けた稲尾のもとに集まる喜びの選手たち
（昭和33年10月21日）「週刊ベースボール（昭和33年11月12日号）」より

西鉄三連覇 奇跡の逆転優勝

球史空前の偉業成る

三たび後楽園で勝名乗り

日本選手権 ―第七戦―

最優秀選手に

応援団の紙吹雪を浴びてベンチに引揚げる西鉄ナイン

3 連敗から 3 連勝、最終第 7 戦当日の新聞記事
（昭和33年10月21日）提供：今泉京子

日本中が興奮し、50年後の
今も語り継がれる大逆転劇
が達成された。

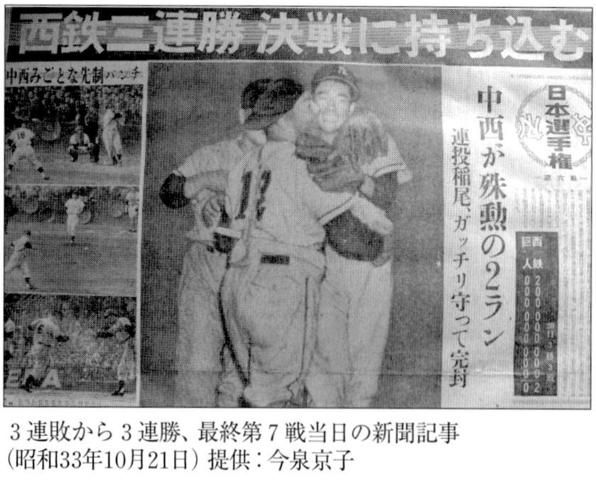

西鉄三連勝 決戦に持ち込む

中西みごとな先制パンチ

中西が殊勲の2ラン

連投稲尾、ガッチリ守って完封

日本選手権

西鉄	200000000 2
巨人	000000000 0

3 連敗から 3 連勝、最終第 7 戦当日の新聞記事
（昭和33年10月21日）提供：今泉京子

第７戦に勝利し、ペナントを先頭に後楽園球場グランドを
行進する西鉄ナイン（昭和33年10月21日）
「週刊ベースボール（昭和33年11月12日号）」より

鉄腕・稲尾の力投が起こした
奇跡の４連勝は伝説となった。

稲尾力投 水爆も火ふく

今や日本一の太鼓判
本来の力に技巧加う

中西、また先制3ラン
巨人、長嶋の2号で零敗免る

威無量！団結の賜

ああ栄冠！三たびわが手に

稲尾投手をたたえる

ライオンズ選手
紙上座談会

感激！言葉を
こんな

奇跡の逆転優勝を伝える新聞記事
（昭和33年10月22日）提供：今泉京子

３連敗から奇跡の４連勝、敵地で三原監督の胴上げ
（昭和33年10月21日）「週刊ベースボール（昭和33年11月12日号）」より

日本シリーズを終え，寝台特急「はやぶさ」で帰福。筥崎宮で戦勝御礼後に行なわれた優勝パレード。
写真は天神町交差点（昭和33年10月23日）

柳川での「川下り」パレードの光景（昭和33年10月29日）

柳川での「川下り」パレード出発前（昭和33年10月29日）

日本シリーズを終えて，柳川で「川下り」パレードをする西鉄ライオンズ選手と、
声援を送るファン（昭和33年10月29日）

柳川で「川下り」パレードをする西鉄ライオンズ選手（昭和33年10月29日）

コラム

逆境を幸運に変えた現役時代

元西鉄ライオンズ内野手
西鉄ライオンズOB会会長　河野　昭修

全盛期の西鉄ライオンズレギュラー陣で唯一の地元選手だった私は、平和台球場でファンの大声援を受けながら守備や打席に立った。地元びいきの熱烈な声援は、時には大きなプレッシャーにもなったが、常に注目を集めた全盛期のライオンズでプレーできたことは幸運だったと思う。

西鉄がプロ野球に参加した昭和二十五年、私はノンプロ西鉄の一員から、テスト生を経てプロ選手になった。当初は二軍スタート、西鉄は一軍と二軍では待遇も天と地ほど違っていた。食事は一軍選手の食べ残しや冷や飯、おかずも質素だった。

月給八千円で寮費を払うと野球道具を買うこともできず、一軍選手の荷物持ちをしてバットをもらった。当時二軍にはコーチもいない。自分で努力して技術を身につけるしかなかった。

二十七年、オープン戦で活躍し、ようやく一軍に上がる。ポジションは三塁、しかし二カ月後には新人・中西太に奪われた。私は悔しさを噛みしめ遊撃手となった。

翌二十八年、豊田泰光が入団してきた。「ヘタクソめ」と思ったのもつかの間、三原監督はエラーの絶えない豊田君を強引に遊撃手に固定した。私は二塁手となり懸命に練習をしてレギュラーを守った。

「もうこれ以上ポジションが動くことはないだろう」そう思っていたところに二十九年、仰木彬が入団。投手として入団した仰木君を、三原監督はその年から始まった島原キャンプで二塁手にコンバートした。

監督から一塁手をやれと言われた時は本当に悔しかったが、「君が一塁に廻ってくれれば、日本一の内野になる。それにアメリカにはユーティリティー・プレーヤー（万能選手）がいる。君はその役をやれる」と言われてその気になった。

仰木君が二塁に定着するまで私は二塁と一塁を掛けもちした。悪送球が絶えない豊田君には「ワンバウンドならどんな球でも取ってやるから」と言い、それ以降彼の悪送球は激減した。

そしてこの年、初めてのリーグ優勝。以降、栄光の日本シリーズ三連覇も印象深いが、私はこれが最も記憶に残るベストシーズンだった。年十三本のホームランを打ち、南海との天王山の試合では逆転満塁ホームランを打った。この年、最終的に一ゲームの僅差で優勝だから、価値ある一発だった。

私は現役時代「恐怖の六番打者」と言われた。ここぞという時に良く打てた。これは西鉄ライオンズの強烈な選手たちの中で常に「活躍しないとポジションを奪われる」という危機感があったからだろう。

三原監督は後に「ここ一番のチャンスでの河野は、四番バッター以上の迫力があった」と本に書いてくれた。二十九年、まんじゅう一個で騙されて一塁手となったが、今では「史上最強」と言われるチームの中に居られたことに感謝している。

悔いがあるとすれば、現役時代が短かすぎたことだろう。体力の限界だった。当時は九州最果てのチーム、遠征につぐ遠征、移動は夜行列車である。荷物も今と違って自分で担いで移動する。ダブルヘッダーも日常茶飯事で、夏場は五十八キロしか体重がなかった。

三十五年にコーチとなり、三十八年にリーグ優勝した時は、コーチとして現役時代以上の喜びを感じることができた。自分でコーチした選手が活躍してくれて、誰も信じていなかった大逆転優勝。昭和三十三年も含めて、私が体験した五度の優勝はすべて逆転優勝だった。

時は移り、福岡ドームが完成した平成五年、私は平和台球場でグランドキーパーになった。若い頃、私を育ててくれた平和台球場に恩返しがしたかったのである。西鉄ライオンズも平和台球場も消滅したが、栄光の伝説に参加できたことは私の誇りである。

◆プロフィール
昭和五年、福岡市生まれ。昭和二十五年、西鉄ライオンズに入団し全盛期の一塁手を務めた。実働八年、821試合・557安打・打率2割4分3厘

大改装工事を終えてお色直しされた
平和台球場でのセレモニーの光景
（昭和33年４月25日）

平和台の青春
1958-1962

大下の引退、三原監督の退団……変化の中で戦う若獅子たち。

昭和三十四（一九五九）年から三十六年にかけてのシーズンは、西鉄ライオンズに大きな変化が起きた時期である。世代交代と三原脩監督の退団、大下弘選手の引退に加え、関口清治選手、河村久文投手ら主力選手の移籍も続き、それを補う補強、世代交代が進まない中で、チームは優勝から遠ざかった。

その中にあっても稲尾和久投手の活躍は続き、川崎徳次新監督のもと毎年70試合近く登板。昭和三十六年には今も日本記録として残る「年間42勝」という大記録を作る。酷使に継ぐ酷使の中でも、稲尾投手はチームの看板・大黒柱であり続け、ファンは彼の姿を観るために球場へ通った。

対東映フライヤーズ戦。
スコアボードそばの外野席（昭和34年）

ライオンズ記録

【昭和三十四（一九五九）年】

◇66勝64敗14分で四位
◇河村久文、通算１００勝（五月十一日）
◇中西太、通算１０００安打（五月二十日）
◇稲尾和久、通算１００勝（六月三日）
◇大下弘、１５００試合出場（六月十四日）
◇稲尾和久、通算１０００奪三振（七月十九日）
◇大下弘、通算２００号本塁打（八月一日）
◇稲尾和久、三年連続30勝
◇大下弘、現役引退（十月二十八日）
◇三原脩監督退団、後任に川崎徳次コーチが就任（十一月二十四日）

【昭和三十五（一九六〇）年】

◇70勝60敗6分で三位
◇豊田泰光、通算１０００安打（七月二十九日）
◇小淵泰輔、サイクルヒット達成（八月六日）

【昭和三十六（一九六一）年】

◇81勝56敗3分で三位
◇中西太、通算２００号本塁打（四月二十二日）
◇西鉄と東映、沖縄初の公式戦（五月二十日）
◇稲尾和久、１５００奪三振（八月二十七日）
◇稲尾和久、年間奪三振３５３のプロ野球記録（十月十五日）
◇稲尾和久、防御率（１・６９）、勝率（7割5分）、最多勝利（42勝14敗）の投手三冠王
◇新監督に中西太就任（十一月四日）

対国鉄スワローズオープン戦前の打撃練習風景
（昭和34年３月５日）

対国鉄スワローズオープン戦前の打撃練習風景（昭和34年３月５日）

十日恵比須神社にて祈願祭。東公園凧揚げ大会に合わせて
凧にサイン（昭和35年１月10日）

完成したばかりの西鉄ライオンズ百道寮
（昭和34年９月２日）

十日恵比須神社にて祈願祭
（昭和35年１月10日）

大下選手の引退試合

大下選手の引退試合での一コマ（昭和35年３月１日）

大下選手の引退試合での一コマ（昭和35年３月１日）

大下選手の引退試合での最終打席（和35年３月１日）

右・左：
大下選手の引退試合での最終打席後
（昭和35年３月１日）

昭和35年、対大毎オリオンズ開幕第２戦。和田のホームランで３者生還。試合は10対９の乱打戦を勝利。
川崎新監督のもと連勝スタートとなった（４月10日）

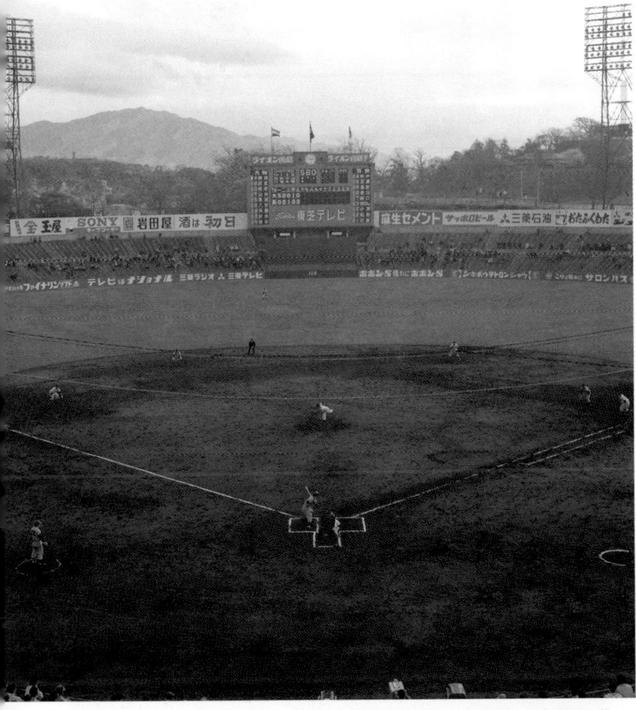

開幕第２戦、対大毎戦の光景。川崎新監督の公式戦は連勝発進。
10対９の乱打戦を征した（昭和35年４月10日）

対大毎オリオンズ開幕第２戦。田中選手ホームイン
（昭和35年４月10日）

開幕第２戦、一塁小淵泰輔（和35年４月10日）

平和台球場での西鉄クリーンナップのスナップ。豊田泰光内野手、中西太内野手、関口清治外野手（昭和35年 9 月 3 日）

平和台球場での西鉄投手陣スナップ（昭和35年 9 月 3 日）

平和台球場での外野陣スナップ（昭和35年９月３日）

平和台球場の応援団
（昭和35年８月17日）

平和台球場での練習風景（昭和35年７月６日）

昭和35年、平和台球場での練習風景（昭和35年７月６日）

平和台球場での西鉄内野陣スナップ（昭和35年９月３日）

平和台球場での西鉄外野陣スナップ（昭和35年９月３日）

平和台球場ベンチで談笑する西鉄ナイン（昭和35年９月）

平和台球場の夕景
（昭和35年９月）

昭和35年当時のコーチ陣（昭和35年９月）

平和台球場での練習風景（昭和35年７月６日）

日米親善試合

平和台球場で開催された日米親善野球・サンフランシスコ・ジャイアンツ対全日本戦。
試合前の全日本ベンチ風景（昭和35年11月８日）

対阪急戦ダブルヘッダー試合前の光景、稲尾投手と川崎監督。
第２試合に投げた稲尾は勝利投手に（昭和35年９月17日）

日米親善野球・サンフランシスコ・ジャイアンツ対全日本戦。
入場門（昭和35年11月８日）

日米親善野球・サンフランシスコ・ジャイアンツ対全日本戦の
観衆（昭和35年11月８日）

日米親善野球を球場外から観戦するファン
（昭和35年11月８日）

対大洋オープン戦

試合前のベンチで談笑する川崎監督と、前年大洋に移籍して
即チームを日本一に導いた知将・三原監督（昭和36年３月10日）

試合前の練習でバッティング談義
（昭和36年３月10日）

試合前の練習をファンと眺める稲尾投手
（昭和36年３月10日）

ピッチャー西村
（昭和36年３月10日）

コラム

私とライオンズの五十七年（2）

元テレビ西日本アナウンサー　久保　歩

私が取材した選手の中で一番印象に残っているのは、やはり中西太選手。打球の速さ、豪快なホームランの凄さは言うまでもないが、守備で三塁から一塁への送球に、私は惚れ惚れと見入っていた。手首のスナップを効かせて軽く投げているように見えて、地上スレスレの球がファーストミットの手前でぐ～んとホップするのだった。

中西選手は体型や名前からみると図太く見えるが、実は大変シャイな人だった。

選手兼務の監督でありながら手首の腱鞘炎で試合から遠ざかっていた彼が、試合前にバックネットの前で素振りをしていると、スタンドのファンが大声で「中西、試合に出んか！」と野次を飛ばされたことがあった。彼はそちらを見ることが出来なくて、横にいた私に「どんな奴が怒鳴っている？」と素振りを続けながら訊く。豊田選手なら逆に相手を睨みつけるところだ。

先日、マスターズリーグでヤフードームの一塁コーチャーズボックスに立った彼が、ファウルボールをスタンドに投げ入れるところを見たが、照れくさそうに後ろ向きのままポイと投げる姿に、昔と変わらぬシャイさと茶目っ気を感じて嬉しくなった。

日本シリーズでは、当日テレビ中継をしている局のアナウンサーが代表して勝利監督インタビューを担当するのだが、私が相手だと安心するのか、シャイな中西監督もよく喋ってくれた。巨人が勝つと寡黙な川上監督が相手となり、他局から巨人の時も西鉄と同じようにもう少し長く喋らせてくれとクレームを頂いたこともあった。

私が野球中継を担当したのは七年程だったが、その間に忘れられない微笑ましいエピソードが二つある。

一つは何年のことか忘れたが、四月六日、その年の小倉球場での公式戦の初試合で、相手は近鉄だった。珍しく降った前夜の大雪がグランドにも積もっていて、両軍選手総出で雪かきをして、一時間遅れのプレイボールになったこと。

もう一つは平和台球場で、試合中に三塁側ベンチの上に突如現れた小さな男の子が、いきなりグランドに向かってオシッコをしたことだ。

先日、和田博実さんとお会いし、その話をしたら、雪かきの件は記憶にないと言われたが、オシッコ騒動ははっきり覚えておいでだった。余程インパクトが強かったのか。

その日、私は中継を担当していたのだが、オシッコと同時にスタンドは大爆笑に包まれた。しかし中継のディレクターは敢えてそのシーンを画面に流さなかった。小児ながらもワイセツ物だと判断し、自粛したのだろう。テレビを観ていた方は、一体何が起きたのだろうと爆笑の原因が判らないままだったと思うが、私も特にコメントはしなかった。

ところが中継のあとで、解説の佐々木信也さんに「久保さんが話を振ってくれたら、私は、あの子は将来きっと大物になりますよと言うつもりだったのに……」と残念そうに言われた。

あれから四十年、あのオシッコの男の子に会ってみたい。果たしてどんな大物になっているだろうか？

◆プロフィール
昭和三十五年TNCテレビ西日本に入社、アナウンサー、報道部記者などを務める。昭和六十年退社後は㈱翔南プランニングを設立。各種演奏会や式典（神事）の司会、企業の社員研修などを手掛けながら後進の指導に当たっている。

球場には子どもや学生もたくさん訪れていた。昭和33年、小倉球場のこけら落とし試合（開幕戦）でのスタンド風景（昭和33年４月５日）

ペナントレース最終戦で
逆転優勝を飾る。優勝ペナントを
掲げて記念撮影(昭和38年10月20日)

最後のリーグ優勝
1963-1972

昭和38年、ペナントレース最終戦で逆転優勝。西亦次郎球団社長を胴上げ（昭和38年10月20日）

中西監督の二年目、外国人選手の活躍で最後のリーグ優勝。

昭和三十八（一九六三）年、西鉄ライオンズはトニー・ロイ、ジム・バーマ、ジョージ・ウィルソンの外国人三選手の活躍もあり、お家芸の逆転優勝を遂げる。一時は首位から14・5ゲームあった差を詰め、近鉄との最終4連戦に4連勝しての逆転劇は、昭和三十三年を上回る、まさに「奇跡」であった。

日本シリーズでは惜しくも宿敵・巨人に3勝4敗で破れたが、五度目にして最後のリーグ優勝は、世代交代が進みスター選手が去った西鉄にあって最後の輝きだった。その後、昭和四十年代にも二位を二度記録するなど、常勝軍団として、九州の球団として輝きを放ったが、昭和四十七年のシーズン限りで西鉄ライオンズは太平洋クラブ・ライオンズとなり、その歴史を終えた。

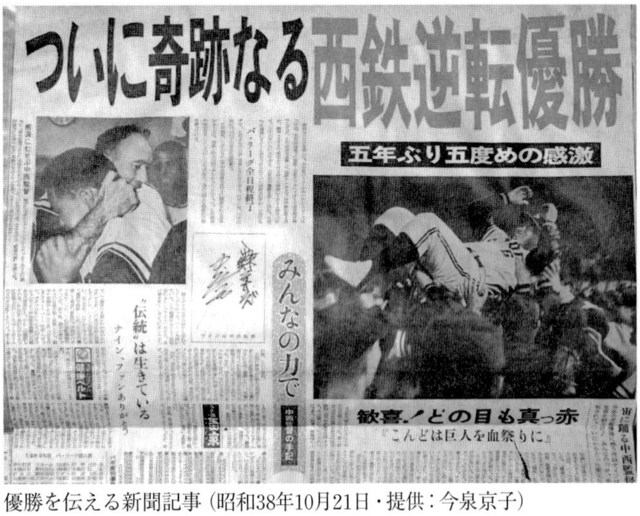

ついに奇跡なる 西鉄逆転優勝

五年ぶり五度めの感激

パ・リーグ全日程終了

みんなの力で

"伝統"は生きている

ナイン・ファンありがとう

歓喜!どの目も真っ赤

『こんどは巨人を血祭りに』

優勝を伝える新聞記事（昭和38年10月21日・提供：今泉京子）

ライオンズ記録

【昭和三十七（一九六二）年】

◇62勝68敗6分で三位
◇稲尾和久、200勝達成（八月二十五日）
◇高倉照幸、1000試合出場（六月三十日）
◇仰木彬、1000試合出場（八月十二日）
◇和田博実、打率3割2分5厘で打撃六位
◇豊田泰光、国鉄への移籍決定（十一月二十六日）

【昭和三十八（一九六三）年】

◇86勝60敗4分で優勝
◇高倉照幸、通算1000安打（五月二日）
◇玉造陽二、1000試合出場（五月十四日）
◇稲尾和久、八年連続20勝、最多勝利（28勝）
◇田中勉、勝率一位（17勝8敗）

平和台で優勝決定

ペナントレース最終戦で逆転優勝を飾り、球場内を１周しファンの声援に応える選手（昭和38年10月20日）

５度目のパ・リーグ優勝を決め、西鉄本社の入った福岡ビルに大きな垂れ幕がかかった（昭和38年10月24日）

ペナントレース最終戦後、選手が整列。ペナント授与式で挨拶するパ・リーグ中澤不二雄会長（昭和38年10月20日）

表彰式でトロフィーを受け取った中西監督（昭和38年10月20日）

最終戦で逆転優勝を飾り、球場内を一周しファンの声援に応える選手（昭和38年10月20日）

表彰式を見守る球団関係者とスタンドのファン
（昭和38年10月20日）

ライオンズ記録

【昭和三十九（一九六四）年】

◇63勝81敗6分で五位
◇井上善夫ノーヒットノーラン（五月十六日）
◇西亦次郎社長がパ・リーグのオーナー会議で、抽選で新人獲得球団を決める「新人プール方式」を提案（後のドラフト制度）
◇玉造陽二、通算1000安打（九月二十二日）
◇高倉照幸、打率3割1分7厘で三位

【昭和四十（一九六五）年】

◇72勝64敗4分で三位
◇小倉球場で初ナイター（四月二十四日）
◇池永正明、新人王（20勝10敗）

【昭和四十一（一九六六）年】

◇75勝55敗8分で二位
◇田中勉、ノーヒットノーラン（五月十二日）

日本シリーズのスコア
昭和38年（10月26日－11月4日）

西鉄の表彰選手／首位打者：城戸　敢闘賞：稲尾

❶平和台球場（西鉄1勝）

巨人	000	000	001	1	▽勝投	稲尾（1勝）
西鉄	040	010	01×	6	▼敗投	伊藤（1敗）

❷平和台球場（1勝1敗）

巨人	130	401	000	9	▽勝投	藤田（1勝）
西鉄	110	010	102	6	▼敗投	安部（1敗）

❸後楽園球場（巨人2勝1敗）

西鉄	000	020	000	2	▽勝投	伊藤（1勝1敗）
巨人	000	250	01×	8	▼敗投	稲尾（1勝1敗）

❹後楽園球場（2勝2敗）

西鉄	000	101	110	4	▽勝投	安部（1勝1敗）
巨人	001	000	00×	1	▼敗投	宮田（1敗）

❺後楽園球場（巨人3勝2敗）

西鉄	000	001	000	0	▽勝投	高橋（1勝）
巨人	000	101	00×	3	▼敗投	井上善（1敗）

❻平和台球場（3勝3敗）

巨人	000	000	000	0	▽勝投	稲尾（2勝1敗）
西鉄	201	020	01×	6	▼敗投	伊藤（1勝2敗）

❼平和台球場（巨人4勝3敗）

巨人	103	905	000	18	▽勝投	高橋（2勝）
西鉄	101	002	000	4	▼敗投	稲尾（2勝2敗）

ペナント優勝決定が決定し、試合後の表彰式で整列した選手（昭和38年10月20日）

選手・球団関係者が集っての記念撮影（昭和38年10月20日）

稲尾絶妙の好投　西鉄長打で圧勝

勝負師和田 先制 2ラン

日本シリーズでの健闘を伝える記事（提供：今泉京子）

◇清俊彦、ノーヒットノーラン（六月十二日）
◇稲尾和久、通算２５０勝（六月二十八日）
◇高倉照幸、１５００試合出場（八月二十四日）
◇西亦次郎社長退陣（十一月二十七日）
◇稲尾和久、防御率一位（１・79）

【昭和四十二（一九六七）年】
◇66勝64敗10分で二位
◇若生忠男、ノーヒットノーラン（九月十七日）
◇池永正明、最多勝利（23勝）

【昭和四十三（一九六八）年】
◇56勝74敗３分で五位
◇和田博実、サイクルヒット（五月二十八日）
◇和田博実、通算１０００安打（五月三十一日）
◇若生忠男、通算１００勝（六月三十日）
◇稲尾和久、通算２５００奪三振（七月三十日）

【昭和四十四（一九六九）年】
◇51勝75敗４分で五位
◇中西太監督退団（十月二十二日）
◇稲尾和久新監督就任（十一月四日）

【昭和四十五（一九七〇）年】
◇43勝78敗９分で最下位

【昭和四十六（一九七一）年】
◇38勝84敗８分で最下位
◇和田博実、１００号本塁打

【昭和四十七（一九七二）年】
◇47勝80敗３分で最下位
◇西鉄野球より福岡野球に商号変更（十一月十九日）。太平洋クラブライオンズと改称し、稲尾和久監督は留任、引き続き指揮をとる
◇「さよなら西鉄」と銘うち、平和台球場で西鉄対巨人のオープン戦開催。５対１で最後を飾る

ペナントレース最終戦で逆転優勝。中西監督を中心に選手記念撮影（昭和38年10月20日）

5度目のパ・リーグ優勝を決めて市内を優勝パレード。写真は東中洲、福岡玉屋前（昭和38年10月24日）

優勝パレード（福岡市内）

５度目のパ・リーグ優勝を決めて市内を優勝パレード。
写真は西中洲・水上公園前（昭和38年10月24日）

赤坂門付近を通過（昭和38年10月24日）

大手門付近を通過（昭和38年10月24日）

優勝パレードはゴールの平和台へ。大活躍した外国人３人にも声援が飛ぶ（昭和38年10月24日）

下の橋付近を進む（昭和38年10月24日）

優勝パレードはゴールの平和台へ（昭和38年10月24日）

中西監督の乗った自動車は平和台へ（昭和38年10月24日）

優勝パレードはゴールの平和台へ（昭和38年10月24日）

万町付近を進む（昭和38年10月24日）

西鉄ライオンズ最後の年となった昭和47年ファンブック用の集合写真（昭和47年）

昭和47年、西鉄ライオンズ最後のシーズン。西鉄創立記念日の９月23日に小倉球場にて
対ロッテ戦無料招待試合。３対２で勝利、勝利投手は東尾修（昭和47年９月23日）

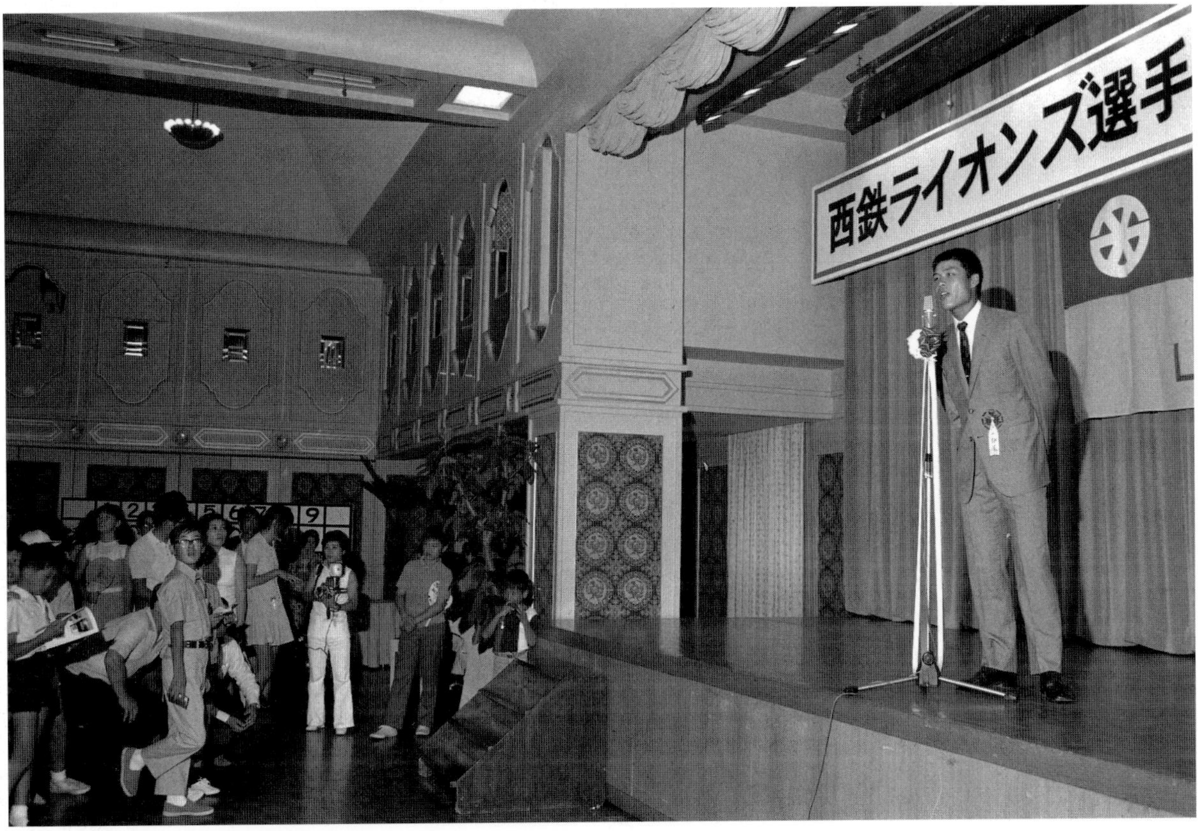

西鉄ライオンズ稲尾新監督や選手を激励する「西鉄ライオンズ選手とファンのつどい」の光景。
挨拶する井原春樹内野手（昭和46年）

「西鉄ライオンズ選手とファンのつどい」でファンに
サインする稲尾監督（昭和46年）

少年ファンから花束を受ける稲尾監督（昭和46年）

西鉄ライオンズ最後のシーズンの９月23日、対ロッテ戦
無料招待試合が行われた小倉球場（昭和47年９月23日）

「さよなら 平和台球場」 平成９（1997）年11月24日（提供：今泉京子）

「さよなら 平和台球場」ロッカールームにて、豊田、河村両氏
平成９年11月24日（提供：今泉京子）

平和台球場プレート除幕式にて、中西、稲尾両氏
平成14年３月３日（提供：今泉京子）

栄光の史上最強集団、
西鉄ライオンズよ永遠なれ。

球団功労者へ渡された「日本選手権三連覇」
記念ブロンズ像（提供：今泉京子）

終わりの言葉にかえて

昭和四十一年生まれの私が物心ついた時、すでに西鉄ライオンズはなく、私がいつも被っていたのは太平洋クラブライオンズの帽子だった。西鉄ライオンズに憧れ、リアルタイムで感動を体験できたのは私の親の世代である。

そんな私が西鉄ライオンズの写真集をまとめるきっかけは、昨年創立百周年を迎えた西日本鉄道さんの資料整理を手伝った事である。私自身が西鉄さんの古い資料を集めていた事もあり、写真資料を中心に社史用の資料収集・整理を手伝い、集まってくる様々な資料を閲覧させてもらう事ができた。その中に、西鉄本社の倉庫に眠っていた西鉄ライオンズの写真ネガケースが段ボールいっぱいにあったのである。

西鉄さんの正史には取り上げられなかったライオンズの資料は、当初はそのままお蔵入りの可能性もあったが、私は確認用にプリントされた数ケース分の写真を見て、「このまま眠らせてはいけない」と思った。完成したこの本を見てもらえれば、私が感じた感動の一端を理解していただけると期待する。そう、これは西鉄ライオンズが活躍した時代の福岡の記憶そのものなのだ。

最初に写真の存在を知ったのは昨年二月。それから大量のネガからのデジタルアーカイブ化を進め、五月に海鳥社から出版が決まる。同時に写真集全体の構成を決めて、候補写真の選定と一枚ごとの解説を加える作業を行った。最後のネガチェックを終えたのは平成二十年十二月。残念ながら最も有名な昭和三十三年の日本シリーズの写真が全く無いという結果だったが、それでも十二分に西鉄ライオンズの魅力が伝わる内容だと思う。

並行して知人の紹介で久保田運動具店の江頭支店長経由で、今回監修をお願いした和田博実さんを紹介いただいた。和田さんには何度もお時間をいただき、的確な判断とアドバイスをいただいた。人柄はもちろん、記憶の正確に触れて、全盛期の西鉄ライオンズ正捕手の片鱗を見た思いである。

全てが一からの作業だったが、当時の資料をかたっぱしから集め、関連本を読破し、映像も集めた。余分な予備知識が無かった分、良い意味で知識を吸収し、まとめることができたように思う。

最後に、出版に際し貴重な証言をいただいたライオンズＯＢの方々、資料を提示いただいた久保歩さん、今泉京子さん、写真を提供いただいた西日本鉄道さん、そして出版を引き受けてくれた海鳥社の皆様に心から感謝したい。

平成二十一年　春

益田啓一郎

西鉄ライオンズの歌

作詞・サトウハチロー

起てり　起ちたり
　ライオンズ　ライオンズ
ゆするたてがみ　光りに照りて
金色まばゆき　王者の姿
九州全土の声援うけて
空を仰ぎて　勝利を誓う
　ライオンズ　ライオンズ
　おお　西鉄ライオンズ

打てり　打ちたり
　ライオンズ　ライオンズ
威風堂々　正しく強く
常に忘れぬ　王者微笑
春の霞も　真夏の雲も
秋の夕日も　こぞりて讃う
　ライオンズ　ライオンズ
　おお　西鉄ライオンズ

勝てり　勝ちたり
　ライオンズ　ライオンズ
凱歌とどろき　あふれる涙
いさをかおれる　王者の冠
阿蘇のけむりも　筑紫の海も
薩摩日向の草木も祝う
　ライオンズ　ライオンズ
　おお　西鉄ライオンズ

協力先一覧(敬称略)

【企画・写真協力】
西日本鉄道株式会社

【特別協力】
株式会社西武ライオンズ

【個人】
河野昭修　高倉照幸　今泉京子
江頭重利　久保歩　長谷川法世　安部雅浩
船木治　保坂晃孝　的場久長　喫茶ＪＡＢ

主な参考文献

■「野球界」一九五〇～一九六〇年発行の各月号(博友社)
■「週刊ベースボール」一九五八～一九七二年発行の各号(ベースボール・マガジン社)
■「西鉄ライオンズファンブック」七二年度ほか(西鉄ライオンズ)
■「史上最強の球団 あぁ！西鉄ライオンズ」(ベースボール・マガジン社・一九七八年)
■「西鉄ライオンズ 最強軍団の内幕」河村英文(葦書房・一九七八年)
■「風雲の軌跡 わが野球人生の実記」三原脩(ベースボール・マガジン社・一九八三年)
■「ああ西鉄ライオンズ」小野博人(西日本新聞社・一九八三年)
■「風雲録 西鉄ライオンズの栄光と週末」豊田泰光(葦書房・一九八五年)
■「永遠なり西鉄ライオンズ」(日刊スポーツ出版社・一九八八年)
■「激動の昭和スポーツ史・プロ野球(上・下)」(ベースボール・マガジン社・一九八九年)
■「獅子たちの曳光 西鉄ライオンズ銘々伝」赤瀬川隼(文藝春秋・一九九一年)
■「大下弘 虹の生涯」辺見じゅん(新潮社・一九九二年)
■「記者たちの平和台」スポーツニッポン新聞西部本社編(葦書房・一九九三年)
■「戦後プロ野球五〇年」近藤唯之(新潮社・一九九四年)
■「さよなら平和台 夢を思い出をありがとう。」(西日本新聞社・一九九七年)
■「わが青春の平和台」森山真二(海鳥社・一九九八年)
■「西鉄ライオンズ 伝説の野武士球団」河村英文(葦書房・一九九八年)
■「魔術師 三原脩と西鉄ライオンズ」立石泰則(文藝春秋・一九九九年)
■「プロ野球新・監督列伝」近藤唯之(ＰＨＰ文庫・一九九九年)
■「神様、仏様、稲尾様 私の履歴書」稲尾和久(日本経済新聞社・二〇〇二年)
■「ベースボールマガジン秋季号 球団興亡史」(ベースボール・マガジン社・二〇〇四年)
■「わが愛しきパ・リーグ」大倉徹也(講談社・二〇〇五年)
■「西鉄ライオンズ最強の哲学」中西太(ベースボール・マガジン社・二〇〇七年)
■「鉄腕伝説稲尾和久 西鉄ライオンズと昭和」(西日本新聞社・二〇〇七年)
■「鉄腕稲尾の遺言」新貝行生(弦書房・二〇〇八年)

＊選手の敬称は略させていただきました。

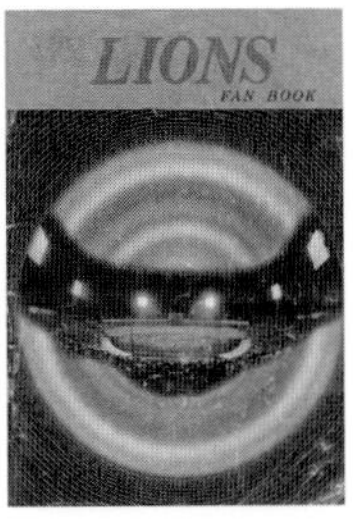

監修者プロフィール

和田博実

わだ　ひろみ／昭和12年鹿児島県生。大分県臼杵高校卒業後、昭和30年西鉄ライオンズに入団。翌31年に頭角を現し同年から始まった日本シリーズ３連覇に貢献、稲尾和久投手との黄金バッテリーで知られ、全盛期のライオンズで正捕手を務めた。昭和47年、西鉄ライオンズの球団譲渡とともに現役引退。オールスターゲーム出場５回、37年には自己最高打率３割２分５厘を記録するなど、俊足巧打の捕手として活躍。完全試合時の捕手を２度、ノーヒットノーラン時の捕手を２度務めた。現役引退後もライオンズ一筋で平成４年までコーチ・二軍監督を歴任し、秋山幸二など西武ライオンズ全盛期の選手たちを育てた。その後も阪神の二軍監督などを歴任し、現在も社会人野球の顧問を務める。

編著者プロフィール

益田啓一郎

ますだけいいちろう／昭和41年大分県宇佐市生。九州デザイナー学院卒業。合資会社アソシエ運営の傍ら、アンティーク絵葉書研究や近代写真資料の掘り起こしをライフワークとする。また、博多・冷泉地区自治連合会記録係として「冷泉のあゆみ～まちづくり戦後史」を執筆編纂。同誌のWEB版は第14回マイタウンマップ・コンクールにおいて優秀賞を受賞した。地域近代世相史の取材編纂や博物館等の展示企画も手がける。著作に「ふくおか絵葉書浪漫」「美しき九州～『大正広重』吉田初三郎の世界」（何れも海鳥社刊）などがある。博多カレンダー委員会委員、日本絵葉書会九州支部幹事、日本国際地図学会会員、福岡市西区まるごと博物館推進会会員。

デジタルアーカイブサイト
WEB地図の資料館　http://www.asocie.jp

企画・写真協力　西日本鉄道株式会社

＊掲載写真は基本的に西日本鉄道株式会社所有のもので構成しています。構成上、不足分を発刊後50年を経過している「野球界」、「週刊ベースボール」より引用転載しました。

特別協力　株式会社西武ライオンズ

西鉄ライオンズとその時代

にしてつらいおんずと
そのじだい

ボクらの最強ヒーロー伝説（ぼくらのさいきょうひーろーでんせつ）

発行日　2009年４月20日　第１刷発行
監修者　和田博実
編著者　益田啓一郎
発行者　西俊明
発行所　有限会社海鳥社
〒810-0074　福岡市中央区大手門３-６-13
電話092-771-0132　fax092-771-2546
www.kaichosha-f.co.jp
印刷・製本　大村印刷株式会社
ISBN978-４-87415-719-０
定価はカバーに表示
JASRAC出0903637-901

西鉄ライオンズナインの寄せ書き(昭和32年,提供:今泉京子)